古市くん、
社会学を学び直しなさい!!

古市憲寿

光文社新書

はじめに

「社会学って何ですか？」

あなたが「社会学者」を名乗る人や、「社会学」を専攻している人に出会ったら、そう聞いてみるのがいい。なぜなら、彼らの多くは狼狽《ろうばい》したり、言葉を濁《にご》したりするだろうから。それくらい「社会学者」にとって、「社会学」を説明するのは難しい。

ある人は「僕たちが生きる社会について研究する学問です」とシンプルに答えるかもしれない。そんなときはこう聞き返せばいい。「経済学や歴史学は社会について研究していないということですか？」

「社会」を調べるというのは社会学の専売特許ではない。人間の営みが織りなす「社会」というものを探求するという意味では、多くの学問は「社会」と無縁ではいられない。

それは経済学や人類学といった「文系」の学問はもちろんのこと、「理系」の学問でも同じことだ。たとえば僕の知る人工知能やロボットの研究者たちは、それが「社会」でどのように受け入れられるかについて、真剣に思いを巡らせている。

ある人は「社会学」を「常識を疑い、問い直す学問です」と説明するかもしれない。そんなときは「そんなこと、ツイッターで誰でもしていませんか?」と返してみるのもいい。

たしかに、社会学の教科書にはよく「常識を疑う」学問だと書かれている。しかし「常識を疑う」ことに、本当に社会学は必要だろうか?

たとえば「昔の日本人は礼儀正しかった」という「常識」を持つ人がいたとしよう。その人には大倉幸宏《おおくらゆきひろ》さんの『「昔はよかった」と言うけれど』(新評論)という本を紹介してあげればいい。同書によれば、戦前の日本では席を譲らない若者や電車の中でメイクをする女性は珍しくなかったらしい。なかには着替えを始めたり、半裸になるような人もいたという。

しかし同書は「社会学」を銘打っていないし、大倉さんも「社会学者」を名乗ってはいない。どうやら、「社会学者」でなくても「常識を疑う」ことはできそうだ。実際、ＳＮＳで多くの人に拡散される発言には、「常識を疑う」何らかの発見が含まれていることが多い。

そう、「社会学って何ですか？」と同じくらい、「社会学にしかできないことは何ですか？」という問いに答えることは難しいのだ。

もっとも、書店に行けば無数に「社会学」を宣言した本があり、教科書や辞書も多く存在している。

この本にも登場する社会学者の大澤真幸《おおさわまさち》さんは、『現代社会学事典』（弘文堂）という二万円を超える辞書の中で、「社会学」をこう説明する。

「社会学を定義する根本問題は、社会秩序はいかにして可能か、という問いにある。社会秩序が成り立っている状態とは、主体の他者に対する期待が互いに高度な蓋然性《がいぜんせい》で満たされる状態、つまり互いの他者に対する期待に相補性がある状態である」

はい、この説明で「なるほど！　それが社会学か！」と一瞬で納得した人は、本書を読む必要はあまりない。さっさと大澤さんの『身体の比較社会学』（勁草書房）でも読破すればいいと思う（って、もうとっくにしてますか、そうですか）。

大澤さんの師匠にあたる社会学者の見田宗介《みたむねすけ》さんは、『社会学入門』（岩波新書）の中で、もう少しわかりやすい言葉で「社会学」を説明している。見田さんによれば、「現代の知において把《とら》えられた人間の学、つまり関係としての人間の学である」という。

わかるような、わかんないような……。

言葉自体は簡単ではあるが、つかみどころのない定義だ。ちなみに『社会学入門』という本は、「入門」を銘打ちながら、なかなかに抽象的で、最終章は「われわれはもういちどあの逞《たくま》しい魂の宣明者の声とはるかに呼応して言わねばならない。魂のことはわれわれの内なる魂に。シーザーのことはわれわれの内なるシーザーに。と」で結ばれている。

「社会学」を語ることにはいつも困難がともなう。どうしてもそれが、すぐに反論が予想されるような説明や、「社会学」に精通していない人にとっては難解すぎる議論になってしまうのだ。結果、社会学には「よくわからない学問」「信頼できない学問」というイメージがつきまとってきた。

しかし、それはとてももったいないことだと思う。それは、「社会学」がとても面白い学問だから。そして「社会学」の考え方を学ぶことは、仕事や日常生活を送るうえでも役に立つから。少なくとも僕はそう信じている。

面白いうえに役に立つ。そんな学問の魅力を一人でも多くの人に知ってほしい。それが本書の編まれた一つ目の理由だ。

もう一つの理由は、僕自身の肩書きに関係してくる。僕はメディアに出るときにしばしば「社会学者」を名乗ってきたが、そのたびに批判に遭《あ》ってきた。「なぜ博士号も持っていない若者が社会学者を名乗ることができるのか」と。

たしかに僕はまだ博士号を取得していないが（いい加減、博士論文を書かなくちゃいけないんだけど）、理系とは違って文系の大学教員は、全員が博士号を保有しているとはかぎらない。また本来は「学者」と年齢は関係がないはずだ。

しかし、僕自身が自信満々に自分を「社会学者」と名乗れるかというと、話は別だ。「社会学」が面白いことは知っているが、明確に「社会学」を規定し、流暢《りゅうちょう》な説明ができるわけではない。「社会学者」という肩書きも、通りがいいから使っているに過ぎない。

そこで本書の題名にあるように、社会学をもう一度、学び直してみたいと考えた。そして僕の「学び直し」を通じて、結果的にそれが社会学の教科書になればと思った。

だが、こんなつかみどころのない学問をどう「学び直し」たらいいのか。ヒントになったのは社会学者の佐藤俊樹《さとうとしき》さんが『近代・組織・資本主義』(ミネルヴァ書房)という本のあとがきに書いていたことだ。

佐藤さんは大学院時代、指導教官と授業前にいつも議論を交わしていたという。そのことを、「社会学というダイアローグでしか学べない学問においては、何よりも貴重な時間であった。そのなかで私は社会学者になっていったのだろう」と振り返る。ダイアローグとは対話のことだ。

この本でも、日本を代表する社会学者たちに話を聞きに行くことにした。決まって聞いた質問はもちろん「社会学って何ですか?」。


さて、一二人の社会学者たちは、その問いに何と答えたのだろうか。

もちろん対話はそこでは終わらない。詳しくは各章を読んでほしいが、社会学の魅力が様々な角度から語られた本になったと思う。そして、各社会学者たちの人間的な面白さ(面倒臭さ)にも気付くだろう。

加えて本書は、結果的に日本の「社会」を俯瞰《ふかん》する一冊になった。気鋭の社会学者たちは、この「社会」をどのように眺めているのだろうか。

もっとも、この一冊で社会学のすべてがわかると言い張るつもりはない。本書で話を聞きに行った以外にも、優れた社会学者はたくさんいる（もちろんそうでない人もたくさんいる）。時間などの都合で対話の叶わなかった人も多い。

ただし現時点において本書は、社会学の入門書としては最良の一冊だと思う。「社会学」という言葉に少しでも興味がある人、大学で「社会学」を学んでいる人、「社会学者」として活動しながらもいまいち「社会学」が何かわかっていない人はぜひ読んでほしい（というわけで、僕も繰り返し読み直すと思う）。

各章は話を聞きに行った順番に並べてあるだけで、他意はない。どの章から読んでもらっても構わない。各章冒頭には、僕が各社会学者のちょっと長めの紹介文を書いた。それは、大澤真幸さんが『虚構の時代の果て』（ちくま新書）で述べていたように、社会学のような知では、「学問」と「人格」の間に密接な関係があると思うからだ。

この本を通じて、少しでも社会学の楽しさが広まることを願っている。

古市くん、社会学を学び直しなさい!!

目次

対談構成・斎藤哲也、イラスト・浜本ひろし

本文デザイン・ＴＹＰＥＦＡＣＥ（ＡＤ：渡邊民人　Ｄ：谷関笑子）

小熊英二先生に「日本の社会学」を聞く！

小熊英二（おぐま・えいじ）
1962年東京都生まれ。社会学者。東京大学農学部卒業、出版社勤務を経て、東京大学大学院総合文化研究科国際社会学専攻博士課程修了。現在、慶應義塾大学総合政策学部教授。著書に『1968』『〈民主〉と〈愛国〉』『〈日本人〉の境界』『単一民族神話の起源』（以上、新曜社）、『社会を変えるには』（講談社現代新書）、『原発を止める人々』（文藝春秋）、共著に、『平成史［増補新版］』（河出書房新社）、『「東北」再生』（イーストプレス）などがある。

小熊英二さんについて

僕が初めて「社会学」に触れたのは、大学一年生のときに受講した小熊英二さんの授業だった。「構造主義」や「アイデンティティ」「ナショナリズム」などをテーマに、小熊さんがライブのようにノンストップで語り続ける九〇分間。

「『日本民族』がもともと存在するわけではなく、『日本民族』という区切り方ができて初めて『日本民族』とその歴史が生まれる」「『個人』とは個々の行為の集積点で、社会現象の結節点に過ぎない」といった議論は、当時の僕には新鮮だった。

しかし授業で感銘を受けながらも、小熊さんの著作に手を伸ばすことはなかった。それは、彼の初期作品群が異様な厚さと重さだから。デビュー作の『単一民族神話の起源』からして厚さ三・六cm、重さで六〇五g。小熊さんの本は、その後も順調に厚さと重さを増していき、『単一民族神話の起源』に、代表作『〈日本人〉の境界』『〈民主〉と〈愛国〉』『１９６８』を加えると、何と厚さは合計二四・六cm、重さは五・七kgとなる。

なぜ小熊さんの本はここまで厚いのか。それは、丁寧だからである。

橋爪大三郎さんの『〈民主〉と〈愛国〉』への評を借りれば「過ぎた時代の言説を丹念につなぎ合わせて意想外の図柄を描き出すジグソーパズルのような仕事」。信じられないくらいの量の文献を紐解きながら、まるで大河ドラマのように、ある時代のある社会を再現しているのだ。

小熊さんは震災以降、「社会」へのコミットを深めていく。僕が『絶望の国の幸福な若者たち』（講談社）という本を書くために取材に行った脱原発デモで、偶然小熊さんの姿を目撃したことがある。髪型や服装が学生みたいなので一瞬気付かなかったけれど（これは僕が大学生のころ、キャンパスでも同様だった。うかつに噂話《うわさばなし》もできない）。

また、デモでは積極的にスピーチもしている。そのいくつかはＹｏｕＴｕｂｅでも見ることができるが、小熊さんは「ライブの人」なのだなあという印象を持った。じつは小熊さんには音楽家という一面もある。キキオンというバンドを結成し、定期的に下北沢などでライブ活動をしているのだ。

小熊さんの震災以降の活動は『原発を止める人々』といった書籍に加えて『首相官邸の前で』という映画で知ることができる。そう、小熊さんは映画監督デビューもしているのだ。

「社会」を変えるには様々な方法があるだろうが、小熊さんは様々な「表現」という手法を使って社会を変えようとしてきた。小熊さんにとっては、社会学もその「表現」の一つなのだろう。

小熊英二×古市憲寿

「日本の社会学」
について
聞いてみました

日本では、社会学者は評論家として流通している

古市　この本では、社会学者の方に「社会学って何ですか?」という質問をしていきたいと思っているんです。僕自身、社会学を専攻しているということもあって、メディアに出るときにはしばしば「社会学者」という肩書きを付けられます。積極的に自分から名乗りたいわけではないのですが、通りがいいので使ってきました。

でも、そもそも社会学って何なのかと考えると、すごく難しい。実際、社会学者に「社会学って何ですか?」と尋ねても、人によって答えはさまざまだろうと思います。しかし、そのさまざまな答えを聞くなかで、「社会学」とは何かを考えていきたいんです。

小熊さんだったら、「社会学って何ですか?」と聞かれたら、どのように答えますか。

小熊 現在の日本社会の文脈では「評論家」でしょうね。

古市 評論家?

小熊 アメリカや、アメリカに影響を受けた国の多くでは、社会学は実証的な学問です。たとえば、インタビューやフィールドワークをしたり、質問票を配ってとったデータを統計的に分析したりすることが、社会学者の仕事だと考えられていると思います。日本でも、社会学の学会に出れば、そういった実証的な報告が九割方を占めています。

しかし、日本の一般の人たちには、「社会学者=事件や社会現象を明快に読み解いてくれるような人」というイメージが強いようですね。だから現代の日本社会では、学問としての社会学とは別に、〈社会学者〉は〈評論家〉の代用語として流通していると思います。

古市 その乖離《かいり》はなぜ生まれたんでしょうか?

小熊 三〇年くらい前までは、社会学者がマスコミ媒体で何かを書いたり発言したりすることは稀《まれ》でした。一九五〇年代から七〇年代ぐらいまでの時期に、マスコミの「ご意見番」の位置を占めていたのは、文芸評論家でした。八〇年代後半ぐらいから、文芸評論家に代わって、社会学者がマスメディアに出るようになっていったように思います。

どの時代でもマスコミは便利屋を必要とします。法学者や経済学者は、法学や経済学のこと以外は論評しない。だから、政治現象でも経済現象でもなく、社会現象としか呼びようのないものの論評が必要なときに、ある時期以降は社会学者にお呼びがかかったわけです。その結果、社会学という学問とは切り離されて、「評論＝社会学」というイメージが定着していったんじゃないでしょうか。

古市　社会学者に評論家として声がかかるようになったのは、見田宗介さんや大澤真幸さん、宮台真司さんといったスター社会学者が登場したこととも関係していますか？

小熊　まず見田さんは、実証一辺倒の社会学に、違和感を強く持っていた人です。彼は一九七〇年代に、こんなことを書いていました。社会学者が水俣病の被害を受けた漁民の家にやってきて、「お宅の収入はいくらですか」というようなことを調査して、何がわかるのかと。

彼自身は学識のある人で、理論も実証もできた。しかしある時期から、オーソドックスな社会学を離れて、独自の研究をするようになります。『時間の比較社会学』（岩波現代文庫）のような、すばらしい本も書きました。

そうすると、東大の見田さんのゼミに、優秀で面白い人たちが集まってくるわけですね。見田さんが教育者として優れていたというより、東大にいた優秀な学生が集まってきたのだと思います。

ちょうどバブルの時期で、上野千鶴子さんがマスコミで活躍した。学術書めいた本が売れましたから、見田ゼミにいた若い社会学者も本を出せた。そのなかで、現在のイメージができたのでしょう。

社会学は社会をわしづかみにする学問？

古市　いわゆる学問としての社会学と、世間で流通している評論という意味での「社会学」は、重なるところもあるわけですよね。

たとえば、テレビ局がコメンテーターを依頼するときに、法学者には法律を語ることを、経済学者には経済を語ることを期待するように、社会現象としか呼びようがないものを社会学者に語らせることは、それなりに理に適《かな》っているように感じます。

でも、そのような評論的な意味での社会学と、実証的な社会学との間には距離があることも事実だと思います。そうすると、両者のいちばんの違いは何でしょうか。実証性があるかないかということですか。

小熊　「社会学」という言葉は、一九世紀にフランスのオーギュスト・コントが作った。コントのいう社会学とは、ある社会集団が全体としてどういう法則で動き、どういう進化を遂げるのかを考えるものです。

そこでコントが考えた「社会」というのは、フランスという「国民国家」と重なっている。そんな発想は、それ以前の時代にはありませんでした。だから、誕生時点での「社会学」は、国家を単位とした社会全体を説明するようなホーリスティック（包括的）なものだったわけです。コント以降に、ジンメルやウェーバー、デュルケムたちが社会学を築くわけですが、これもある全体社会を対象とする学問だということになっていた。

コントは「実証」ということも言ってはいますが、いまとは意味が違うと思う。社会学が他の学問と違うところは、経済とか政治とかに分類できない「社会」を対象にしたことだった。しかし私の見方では、実際には社会学は、残余《ざんよ》項目の学問になっていったと思うんです。

古市　残余項目というのは何ですか。

小熊　政治学や法学、経済学などの対象にならない部分を扱う学問ということです。よく言えば、領域横断的ですね。アメリカでの社会学は、移民社会などの諸問題を実証研究する学問として発達しましたが、扱う対象は、やはり経済学や政治学で扱えないような残余領域だった。
日本でも、そういうものが社会学なのだと受容されていると思います。つまり社会学とは、村や工場に入って実証調査する学問であるか、経済学や法学の対象になりにくい「社会現象」を論評する学問だと。
手短に言うと、社会学というのは、もとは社会現象をホーリスティックに説明しようとした学問だったけれど、しだいに個別的な残余領域を実証研究する学問になっていったということでしょうか。

古市　アメリカに影響を受けた日本の社会学も、実証研究に偏《かたよ》る傾向が強いということでしょうか。

小熊　戦後については、そうも言えるでしょう。しかし社会学はホーリスティックな志向の学問だったといっても、社会全体を説明する巨大理論を作ってそれが広く共有された人は、日本にかぎらず数えるほどしかいない。またそんな人は、三〇年に一人もいれば充分でしょう。

古市　小熊さん自身には、社会をわしづかみにしたい、ホーリスティックに物事を理解したいという欲望はあるんですか。

小熊　そういう社会学者もいるでしょうけど、私はあまりないですね。人間はそんなに偉くない。「私一人が社会の外側に出て全部を見渡しています」みたいなことは、人間にできるわけがないと思っていますから。

いま、何をしたら社会学になるのか

古市　小熊さんは「歴史社会学者」と紹介されることが多いですよね。歴史学というよりも、歴史社会学を研究しているという意識は強いですか。

小熊　私はそういう肩書きには興味はないんです。私がやっていることを、誰がどう呼んでもかまわないと思っているし。

古市　じゃあ、なぜ歴史社会学者と名乗っているんですか。

小熊　通りがいいからですね。会社を休職して大学院に行こうとしたとき、歴史学の人に自分の研究テーマを相談したら、「それは歴史学じゃない」と言われた。それではと社会学者に相談に行ったら「何をやってもいい」と言われました。それだったら社会学でいい、社会学のなかでさらに区別しろというなら歴史社会学にしておこう、というぐらいの感覚です。

古市　社会学や歴史学の区分が小熊さんにとって無意味だというのはわかったんですけど、

「何をやってもいい」というのが、社会学の難しさだと思うんです。

別の言い方をすると、いま何をすれば社会学をしたことになるんでしょうか。たとえば、デュルケムのような昔の学者の理論に則《のっと》って分析をしたら、社会学をしたことになるのかどうか。

小熊 そんなことはつまらないことだと、私は思いますけどね。誰かが「それは社会学だ」と言えば社会学なんじゃないですか。先達《せんだつ》の偉大な研究者をリスペクトするのは大切ですが、名刺の代わりに引用したって、名刺以上の意味はないでしょう。

私自身の著作について言えば、歴史学者にも「あんなものは歴史学じゃない」と言う人もいれば、「立派な歴史学だ」と言う人もいました。どちらに対しても「そうですか」という以上の感想はなかったです。

古市 社会学を研究するのに向いている人はどんな人でしょうか。

小熊 コツコツまじめにやる人が向いているんじゃないですか（笑）。社会学にかぎらず、まとまった仕事をするうえでは重要でしょう。「僕は地道に働くのが嫌だから、社会学者になろう」なんて人は向いてないと思います。あとは営業職とかじゃないから、本や論文を読んで考えたり、地道に調べたりすることが苦にならない人が向いているでしょうね。

七〇年代以降、社会を縮約する対象はなくなった

古市　小熊さんが出してきた本を見ると、研究対象がどんどん小熊さん自身に近づいているように感じます。主に戦前を扱った『単一民族神話の起源』を発展させ、琉球処分から沖縄復帰までを扱った『〈日本人〉の境界』が博士論文ですよね。その後は、戦後社会を主題とした『〈民主〉と〈愛国〉』『1968』を書かれてきました。

しかし最近では、『社会を変えるには』のように、当事者として発信する本が増えてきました。二〇一五年に出版された『生きて帰ってきた男』（岩波新書）は、小熊さんのお父さまを主人公にした二〇世紀史です。

小熊　自覚的にそうしたということはありません。

古市　『1968』までは、歴史資料をパズルのようにつなぎ合わせた重厚な本が多く、新書も出版されていませんでしたよね。それ以降、『〈民主〉と〈愛国〉』や『1968』のような本を書いていないのは、自分の中でスタイルを変えようという思いがあったんですか。

小熊　べつに（笑）。自覚的に変えようと思ったわけじゃないし、もともと「このやり方で

なければ自分の研究ではない」と考えたことはない。そのときごとに、やりたいことに適したスタイルを採ってきただけです。

しかし、『1968』までのような、歴史的言説とやらを大量にかき集めて分厚い本を書くようなことは、今はやる気はないですね。

古市　『1968』までで出しきった感じですか。

小熊　そうじゃなくて、現代社会は、そういう方法に適していない。

ある社会を描こうとする場合、社会のすべてを描くことは無理なんだから、社会を象徴しているものを対象にすることで縮約するわけです。

『〈民主〉と〈愛国〉』でいえば、戦争体験が日本にどういう影響を与えたかというテーマを描くにあたり、丸山眞男や吉本隆明といった思想家に縮約させる形で記述した。『1968』の場合は、高度成長が人々の心理にどう影響したかを描くにあたり、全共闘運動に縮約して書こうとしたわけです。どちらも、丸山眞男や全共闘のことを書こうとしたわけじゃない。

しかし七〇年代以降を描く場合、何に縮約できるかが難しい。

例として、毎日新聞社が『シリーズ　20世紀の記憶』というシリーズのムック本を出しているんですが、巻ごとに「60年安保・三池闘争　石原裕次郎の時代　1957－1960」

「高度成長　ビートルズの時代　１９６１－１９６７」といったタイトルがついている。しかし、七〇年代後半以降のタイトルは苦しいんですよ。「かい人21面相の時代　山口百恵の経験　１９７６－１９８８」ですから。これはつまり、象徴的に縮約するものがないということなんです。

だから私も、『平成史』を編著で出したときは、何か代表的なものに縮約させて書くようなやり方はしなかった。経済指標などを使って、全体構造を描いたほうがいいだろうと思ったんです。

古市　それは六〇年代後半から七〇年代前半で、日本の近代化が一定程度終わったということなんでしょうか。

小熊　「多様化」とか「後期近代化」とかいろいろ言えるでしょうが、つまり「リプリゼント（代表）」が難しくなったということでしょう。

古市　もしもそこでリプリゼントできるものがなくなったとしたら、それ以前とそれ以後で、社会学のあり方も変わっていくと思うんですが、どうでしょう。

小熊　実際に変わっていると思います。特定対象を描くことで縮約するよりも、全体を数値データで分析するほうが求められていると思いますね。社会学じゃないけれど、トマ・ピケティの『21世紀の資本』(みすず書房)なんかもそうでしょう。思想とか理論の点ではごく普通の本ですが。

古市 普通というのは?

小熊 おそらくマルクスをはじめ、哲学とか政治思想には、ピケティは縁がない。それは読んでいるとわかります。

古市 逆に七〇年ぐらいまでは、マルクスなど古典の影響を受けた研究者が多かったということですか。

小熊 社会学でいえば、ピエール・ブルデューやアンソニー・ギデンズ、ウルリッヒ・ベックぐらいまではそうだと思います。

でもピケティには、そういう思想的背景は見えない。ヨーロッパの二〇世紀半ばまでの知的伝統とは無縁の人だと思いますし、そのぶん発想の展開もかぎられていると思いますが、当人もそれを自覚しているでしょう。読んでいると、とても謙虚な人であることがわかって、そこは好感が持てます。

プラトンが偉大だから読むわけじゃない

古市　日本の社会学を見ても、統計による実証研究や歴史研究のように、実証性が求められる方向にどんどん向かっているように見えます。

小熊　手堅《てがた》いですし、いまはすごくやりやすい。最新の数字を調べるのもネットで簡単にできる。ただ、数字を集めて統計処理するだけでは優れた研究にはなりません。最終的にまとめるのは人間のセンスですからね。

古市　センスというのは、鍛えられるものなんですか？

小熊　人間の素質なんてドングリの背比べだと思うし、センスは勉強することで身についていくんじゃないですか。当たり前のことだけど、勉強は大切だと思います。自分自身に関していうと、一九九七年から大学で教え始めて、古典を読むゼミを毎年開いていますが、いまから考えると、最初のころは自分でもあまりよくわかっていなかったと思う。

古市　小熊さん自身が？

小熊　そうです。毎年一五冊くらいずつ古典を読みますが、たとえば二～三年に一回ぐらいずつマルクスの『資本論』をとりあげる。そうやって五〜六回読んで、ようやくわかった。しかも『資本論』だけを単独じゃなくて、プラトンやアリストテレスなど、いろんな古典を読んだらわかりましたね。

古市 僕は、学部生時代にSFC（慶應義塾大学湘南藤沢キャンパス）で受けた小熊さんの講義がすごく面白かったんです。すぐに使えるスキルが重視されがちな学部でしたが、そこで小熊さんはいわゆる古典、近代思想を教えていた。それが新鮮でした。

あらためて聞きたいんですが、マルクスのような古典を読んだり学んだりする意味は何でしょうか。

小熊 理論や手法というのは、イディオムのようなものです。基本発想を応用するさいの、とてもうまい例ですよ。とりあえず使えばすぐに役に立つけど、そればかり繰り返しても自動装置みたいで同じことしかできない。

だから理論は、そのものではなくて、その向こうにあるものを見なくてはいけない。そのためには、古典のもとになっている古典を読んで、みんながそれをどう応用したのかを比較することが大切なんです。

だから、プラトンが偉大だから読むわけではない。私は、プラトンは一種の宗教だと思うし、そんなに偉大だとは思いません。でも、いろんな人がプラトンやアリストテレスをもとにして、「こんなふうにも使える、あんなふうにも使える」と応用してきた歴史がある。そうやって複数の応用の仕方がわかると、自分でも別の応用の仕方ができるようになる。そういうことができるようになった状態を、センスと呼ぶのでしょうね。

分析は裏切られるほうが、面白い

古市　小熊さんは、脱原発運動のドキュメンタリー映画を作っていますよね。何かテーマやメッセージはあるんですか。

小熊　民主主義ですよ。民主主義とは人民が立ち上がることだ、というポジティブな話です。私は、日本語でいうところの「批判」をすることには興味がない。そんなのは、簡単すぎて退屈だ。

古市　脱原発デモという形での民主主義の、どのような点に、小熊さんは共感するんでしょうか。

小熊　それを言葉にすれば途方もなく絵空事ですし、デモならいつでも何でもすばらしい、というわけではない。でも、それが比較的よい状態にある場から出てくる、正体不明なものは好きです。概して、何であんな一銭にもならないことをするんだ、という現象は面白いですよ。しかし、あなたもそういうものに、とても惹《ひ》かれている人だと思うけど?

古市 たしかに、修士論文とそれをもとにした『希望難民ご一行様』(光文社新書)以来、人々が集まって何か新しい共同体を作ることには関心はあります。

小熊 なるほどね。私が、あなたという存在を象徴していると思ったものは、あなたが使っていた「ムラムラする」というキーワードです。つまり、ここにはない可能性に対して「ムラムラ」してしまうことと、日常生活の小さな友人関係の「ムラムラ(村々)」のなかで安心していたいという、その両義性に引き裂かれているのがあなたですね。

しかしいまの話だと、ここにない可能性を開いたあとに到達する地点も、小さな共同体であってほしいようですね。優れた仲間で作るベンチャーとか。

古市 そうかもしれません。小熊さんは違うんですか。

小熊 私の場合は、可能性が立ち上がってくる過程で醸《かも》し出されるものは好きだけど、かぎられた人数で共同体を作ることには関心は向かない。一度できあがった共同体を見る場合は、それがうまくいっている場合でも、「こういう条件があり、こういう人がいてこの共同体は回っているんだな。その条件がない場合はどうだろう？」と分析的に見てしまいます。

古市　脱原発デモについては違ったわけですか。

小熊　二〇一一年から一二年の段階では、とんでもなく訳のわからないものでしたから。あんなことが起きるなんて、まったく予想もしていませんでしたからね。もちろんデモに随伴《ずいはん》していろいろ見ていれば「こうなっているのか」とわかる部分もあったけれど、つねに予想は裏切られました。

古市　じゃあ、分析しようという意識はあまりなかった？

小熊　いや、よく見るために分析しようとは思ったけれど、その分析が次々と裏切られていくわけです。私はそういうほうがずっと面白い。自分の分析力が太刀打ちできないような変なものが好きですね。理論より、歴史や現代の事実を調べるほうが好きなのは、そのためもあるでしょう。

余裕を失いつつある日本

古市　映画制作も含めて、小熊さんは三・一一以降、「社会をこう変えたほうがいいんじゃないか」という提案をすることが増えてきたように感じます。それは自覚的なものですか。

小熊　知恵がついてきたからとは思いますね。わかりもしないことを書くのは無責任だからやらないし、世を嘆くような批評を書くことには何の興味もないので、自分がわかって言えることしか書いてこなかった。

でも研究を積み重ね、新聞の論壇委員として経済や政治の論考を大量に読んで、現実社会の動きやメカニズムがずいぶんわかるようになりました。だから提案的な文章も、ある程度書けるようになったんでしょう。

古市　意識的に、提案を発信しようとされてるんですか。

小熊　日本社会に対して、危機感がありますからね。

古市　小熊さんが危惧《きぐ》していることをもう少し教えてください。

小熊　わかりやすく言えば、ギスギスしてきていること。

最近の子育てに関する調査（「子育て支援策等に関する調査2014」三菱UFJリサーチ&コンサルティング株式会社）で、「（地域の中で）子どもを預けられる人がいる」と答えている母親は二八%。残り七二%は預けられる人がいない。しかもこの数字は、一二年前の調査に比べて、三〇ポイントも落ちている。この一二年で、そのぐらい日本社会が変化しているわけです。

でもこういう変化に対する自覚が、中央に行けば行くほどない。霞が関や永田町は、ほぼもれなく専業主婦のいる人が作っている、古い世界だからです。

議員になると、みんな車で移動して電車に乗らないし、世の中の変化が肌でわかっていると思えない。マスコミの人もそうで、二〇一二年の夏にあるテレビ局の人と官邸前抗議を見て回ったとき、「普通の人が来てますすね。子連れのお母さんがいます」と言うのを聞いて驚きました。

古市 子連れのお母さんというのが、「普通の人」の象徴なんですね。実際は婚姻率も出生率も低下していますし、デモに来られない仕事が忙しいお母さんもたくさんいるでしょうが。

小熊 そういうところが決定的にずれている。日本のジニ係数を知っているかどうかの問題じゃない。これは思想的な左右を問わずにそうです。

どうして変化に鈍感かというと、この二〇年あまりの日本は、政府も民間も借金に借金を重ねて、一九九〇年前後の姿をむりやり保とうとしてきたからです。中央はまだ保てていますが、地方はもう保てていない。そして足元では、子どもを近所の誰かに預けられる人の割合が三〇ポイントも落ちている。

こういう急速な変化に対して、中央が鈍感であることには危機感を持っていますし、それを意識して書くことはありますね。

古市くん、「日常」から脱しなさい！

小熊　あなたもそういう危機感は、理解はするだろう。だけどいまの時点では、ここではない可能性を求める人々に対して、日常に安定した「若者の現代感覚」から冷水をかける、という路線で人気を得ていますね。

だけど私に言わせると、あなたの感覚も古い。たとえば『誰も戦争を教えてくれなかった』（講談社）という本で、これからの戦争はロボットや無人機が主役になるから、徴兵制も学徒出陣もない「平和で人道的な戦争」になるだろうと書いて、反戦平和主義の「ズレ」に冷水をかけていますね。

古市　はい。総力戦や徴兵制の危機を煽《あお》るような論調には違和感を覚えます。

小熊　それは半分は正しいけれど、やはり現実からずれている。たしかに徴兵や東京大空襲はないだろう。けれども、無人機が満員の東京ドームに爆弾を落とすという可能性はある。

直接に死ぬ人数は少なくても、そこから生まれる恐怖感は、社会の安定を簡単に破壊する。アメリカでは、九・一一テロの直後は、みんな映画館や野球場に行かなくなったからね。

古市 総力戦は起こらないけれども、小さな戦争が世の中の雰囲気を一変させてしまうことはあり得るということですね。

小熊 そう。あなたには、新しい可能性に「ムラムラ」する一方で、いま生活している「ムラ」の安泰は捨てがたいという両義性がある。その二つの資質のうち、日常の安泰から、可能性に熱くなっている人に冷水をかけるという方向性だけで人気を得ている。しかも、安定をまだ信じている中高年層向けメディアでね。私から見ると、そこが古臭く見える。

古市 たしかに、そのような需要があるのかもしれないですね。僕自身も、安定した日常を前提として議論を進めることが多いです。

小熊 それは自分でブレーキをかけているからです。ブレーキを外すと、自分の中のクールダウン機能が働かなくなってしまうからね。しかし、そこを破らないと、いまの地点からは前に進めないですよ。

佐藤俊樹先生に「社会学の考え方」を聞く!

佐藤俊樹(さとう・としき)
1963年、広島県生まれ。社会学博士(東京大学)。東京大学大学院総合文化研究科教授。専攻は比較社会学・日本社会論。著書に『近代・組織・資本主義』(ミネルヴァ書房)、『ノイマンの夢・近代の欲望』(講談社選書メチエ、『社会は情報化の夢を見る』と改題し、増補・改訂版が河出文庫より出版)、『不平等社会日本』(中公新書)、『桜が創った「日本」』(岩波新書)、『意味とシステム』(勁草書房)、『格差ゲームの時代』(中公文庫)など。

佐藤俊樹さんについて

佐藤俊樹さんを一言でいえば「社会学を愛する人」だと思う。

その愛は、時に悲鳴のような形を取る。たとえば、一九九〇年代後半に、宮台真司さんや大澤真幸さんの本が広く読まれたあとには、様々な批評で「システム理論」や「第三者の審級」という言葉が躍ることになった。それに対して佐藤さんは「批評にとって売れた社会学の著作を使うのは、サブカルチャーを社会につなぐ一つの手段でしかないだろうが、それでも私は安易に使ってほしくない」（『思想地図 vol.5』日本放送出版協会）と注文をつける。

また、同業者である社会学者に対しても手厳しい批判をする。ある時期の社会学では「言説」という概念と「言説分析」という手法が流行していた。しかし佐藤さんから見れば、「言説」という言葉を使用せずともできる研究があまりにも多かった。それに対して「本当はただ叫びたいのだ。もうこれ以上痛ましい言葉の使い方をしないでくれ」と心の叫びをぶつける（『言説分析の可能性』東信堂）。

では、佐藤さんの考える社会学とは何なのだろうか。『フラット・カルチャー』（せりか書房）に寄せた文章では、アカデミズムとしての社会学と、マスメディアなどを通して語られる一般向けの「社会学」の違いが論じられている。

佐藤さんによれば、一般向けの「社会学」は「過剰説明」に陥《おちい》る傾向が多いという。たった一つの理論や図式で社会のすべてを語ってしまうような議論のことだ。もっとも、このような誇大理論は、かつてはアカデミズムとしての社会学でも見られたものだった。大学時代に積極的に社会学を専攻したわけではない佐藤さんは、このような社会学のあり方に強い違和感を抱いていたという。なぜ雑で強引な議論や体系化が過大評価されるのか、と(『意味とシステム』)。

しかし、その後社会学の知は蓄積され、学問水準は年々上がってきた。佐藤さん自身が社会学者として行ってきた活動の多くも、日本の社会学のレベルを上げることに費やされてきた。

それが、佐藤さんの考える真摯《しんし》な社会学者のあり方なのだろう。同時に、そのあり方は「個人的にいえば、きびしいし、しんどい」「様式化された図式で社会を語れていた一九七〇年代までの社会学者が羨《うらや》ましく思えることさえある」という。

佐藤さんは、とても誠実な人なのだ。どうしても胡散臭《うさんくさ》いと思われてしまう「社会学」に対して、専門家の社会学者として何ができるかを模索してきた。

その成果の一部は『社会学の方法』(ミネルヴァ書房)にまとめられている。第Ⅳ章で登場する仁平典宏《にへいのりひろ》さんによると「上質な蒸留酒を飲んだような読後感」の本。この説明では何が何だかわからないと思うので、興味を持った人は同書にあたってほしい。

「社会学の考え方」
について
聞いてみました

佐藤俊樹×古市憲寿

なぜ「社会学」の存在感は大きくなったのか

古市　編集者を通じて佐藤さんにインタビューのお願いをしたときに、「古市憲寿」という立場の特殊性から、社会学の話を始めたいとおっしゃっていたと聞きました。

佐藤　ええ。現在の日本社会における社会学の位置を考えるとしたら、古市さん自身がいちばんよいサンプルだろうと思ったんです。

古市さんがテレビに出演した際、テロップで「社会学者」と出たことに、僕も含めて社会学者はみんな驚いたんですよ。古市さんは、社会学の業界でいうと、まだ業績のない大学院生、つまり、広い意味では学生さんでした。そういう立場の人にマスメディアが「社会学者」という肩書きをつけたことは、僕の知るかぎり、いままでなかったと思います。

もちろんそのくらいからメディアに出る人はいたけれど、そういう場合の肩書きは大体「評論家」でした。先月号で小熊英二さんが、メディア的には「評論＝社会学」だと話していたけれど、だとしても、というか、ならばなおさら「評論家」ではなく「社会学者」と呼ばれたことには意味があるわけで。いまの社会学の位置をよく表しているように思います。

古市さんは修士課程の修了式のときに、こういうことを言ったんです。

「専門的な研究者に絶対なりたいとは思わない。でも社会学はいろんな知識を使っていろんなことを考えられてすごく面白いのに、大学という枠の中に留まっているのは、とてももったいない」と。

古市　言ったような気がします。

佐藤　その後、実際にメディアに出る仕事を始めたので、「おー有言実行！」と笑って見ていたんですが、古市さんがメディアで振る舞っているような姿、つまり専門的な社会学とも距離を置きながら、かつ、それが社会学の一部として世の中に受け入れられていることが、いまの社会学の位置づけをよく示している。

古市　「社会学」とか「社会学者」であることが、世の中で何らかの説得力を持ってしまっているということですね。

佐藤　はい、そう思いますね。僕以上の年齢の社会学者にとって、社会学は、文学部の片隅で地味に貧乏くさく研究するものでした。それが、こんなに注目されてしまって、居心地の悪ささすら感じます（笑）。

古市　なぜ「社会学」や「社会学者」が世の中で通用するようになったんでしょうか。

佐藤　説得力のある言葉の種類が変わってきたということだと思います。

社会科学の中で、これまで圧倒的に強かったのは経済学で、「社会科学の女王」とも呼ばれていました。経済学がなぜ強かったかというと、物理学のモデルをそのまま市場に適用することで、発展してきたからです。簡単に言うと、社会を自然現象と同じように観察して予言できる。そこが経済学の強みだとされてきました。

しかし、社会が複雑化していくと、自然科学のように社会の動きをモデル化して予測することは難しくなってきます。そこで自然科学とは違うアプローチで社会のことを説明する社会学の言葉が、存在感を強めるようになってきたんじゃないでしょうか。

外側に立った瞬間に〝イタい〟社会学者になる

古市　でも、社会学者もよく予言を求められませんか。

佐藤　簡単に予言をしてしまうかどうかが、まともな社会学者かどうかのテストになるんです。社会学者は、いわば社会の内部に巻き込まれています。だから、自然現象のように社会を観察できるわけではない。そのうえ、自分の行為や言葉も社会の一部として影響を与えてしまう。

だから、おいそれと予言するわけにはいきません。そこが、経済を外部から眺《なが》められる経済学者やエコノミストとは大きく違う点です。

古市　多くの社会学者は、家族や若者といった特定の集団を観察しています。そういう場合だと、集団の内部にありながらも、外部から語るという形をとりやすい気がするんですが。

佐藤　たしかに、ある領域を狭く切り取って「私はこれの専門家です」と語りがちになりますよね。でも、社会学である以上、領域を固定的に語ることはできないんです。

社会学の基本には、物事を「関係」として捉える発想があります。だから、家族を取り上げた瞬間に、家族とそれ以外のものとの関係も考えていかなければいけない。家族だけをポンと切り出して扱うことが本当はできないんですね。

関係を考えていけば、より広い視野を取ることになりますから、「自分も内部にいる」ことも、よりはっきり見えてくる。それがパッとわかるかわからないかが、社会学者のセンスというものかもしれません。

古市 センスというのは？

佐藤 つまり、自分は外にポンと立てていると思った瞬間に、〝イタい〟社会学者になるんです（笑）。超天才や神様に近い予言者でないかぎり、社会学でそんな立場に立てる人間は、本来はいないはずですから。

外部に立てているかのように語らずにいかに踏ん張れるかが、社会学者として仕事をしていくうえでは重要になってきます。

古市 集団の内側で、社会学者はどのように語ればいいんでしょうか。

佐藤 それも経済学者と比較するとわかりやすいと思います。

経済学者の場合、自分のモデルに従って金融緩和が必要だと思ったら、極論すれば、経済政策を担当する官庁や日本銀行だけに言えばいいわけです。

ところが社会学者の場合、たとえば「家族はこうしたほうがいいですよ」と政府だけに言ってもあまり意味がない。外部に立てているとは考えないので、「こうすれば絶対こうなる」といえる範囲もずっと小さい。

だから、同じ平場で生きている人間として、一人ひとりに語りかける言葉で話して、考えてもらう。それしかないことがほとんどです。

社会学が確実に使える瞬間

古市　佐藤さんも、メディアから「社会学的にこの問題についてどう考えますか？」と何度も尋ねられてきたと思うんです。そういう質問に対して、社会学者として真摯な答え方とは、どのようなものでしょうか。

佐藤　まず「こういう前提の下では、こういうことが言えます」という形で、前提を明らかにして話すことが大切です。もちろん、そうやって限定を付けて話すわけだから、大したことは言えません。でも、社会学者としての仕事は、むしろその後のやりとりにあるんです。

どういうことかというと、インタビュアーが最初にする質問には、まだぼんやりとしているものがけっこうあるんです。それに対して、僕は受け答えするなかで、「じつは、こういうことが気になっているんじゃないですか」というふうに返していきます。

自分が本当に気になっていることや感じていることを、うまく言葉にするのはけっこう難しいんです。新聞社の記者さんも、もちろん例外ではありません。だから、話しているうちに、相手が「自分が気になっていたのはこれだったのか！」と気付かれることがけっこうあります。

古市 社会学者というのは、セラピストやコンサルタントに近いんですか。

佐藤 セラピストとは違いますね。優秀なセラピストは、ある部分以外は絶対に揺れてはいけない。それに対して社会学者は、相手と共鳴しながらゆるやかに答えを生み出していきますから、セラピストには最も向かない職業です。

どちらかといえばコンサルタントに近いけれど、一般的なコンサルタントは「こうすれば赤字は二年で解消できる」というふうに、予言者になることを求められますよね。その点は社会学者と違います。

僕は『社会学の方法』という本の最後に、社会学が確実に使えるといえる瞬間が一つだけあると書きました。それは、自分で自分の首を絞めている人に「絞めなくていい」と言えることです。自分で自分の首を絞めている人に対して、別の視点を提供したり、あるいはその人が抱えていることをより明確な言葉にすることによって、問題の本当のありかを考えやすくする手助けはできる。それが社会学者の主な仕事なんじゃないでしょうか。

二大巨頭の理論を学ぶことが社会学だった時代

古市　でも、九〇年代あたりには、社会を外から超然と語るような「理論社会学」がだいぶ流行しましたよね。

佐藤　僕らの年代からすると、むしろ九〇年代というのは社会学が変わり始めた時期のように感じます。それより前の時代は、カール・マルクスとタルコット・パーソンズが東と西の二大巨頭でした。

私が大学院生だったころも、マルクス主義が圧倒的に強かったです。いまでも強烈に思い出しますけれど、当時、私が行っていた大学院では、マルクスを褒《ほ》めなければ「右」扱いでした。「マルクス主義者」を名乗らなくても、左派であることがデフォルトでした。

そのくらい二大巨頭の影響力が強かったので、彼らのグランドセオリーを一生懸命読んで勉強して、その理論を必死で身につける。それが社会学を学ぶことと同義だったわけです。

ところが九〇年代になると、そのへんの社会学者が自分の理論を立てて「社会はこうだ！」と語れるようになった。これは大きな変化です。

古市　グランドセオリーとは、それ一つであらゆる領域の物事が説明できるという一般理論のことですよね。それまではマルクスやパーソンズのグランドセオリーを学ぶことがいちばん大事で、自分が独自の理論を発表するなんてことは考えられなかったわけですか。

佐藤　そうですよ。極東の田舎大学の一社会学者が（笑）、そんなことを言ってはいけない時代だったんです。

古市　だんだんと日本の社会学者が自分のグランドセオリーを言えるようになったということは、マルクスやパーソンズの権威が失墜《しっつい》したということですか。

佐藤　そうです。その理由の一つは、グランドセオリーといえども、五〇年、一〇〇年単位で見ると、説明が外れたことでしょう。

たとえば、マルクス主義が本当に正しいのなら、アメリカは一九六〇年代にはおかしくなって、七〇年代には、ソ連はアメリカを追い越していなければいけなかった。でも、まったくそうはならなかった。

もう一つの理由は、理論の整備が進んだからだと思います。

たとえばマルクス主義には「絶対的窮乏化論《きゅうぼうか》」という大きな影響力を持った理論があり ました。資本主義をつきつめると、賃金は上がらず失業者も増大して、労働者は絶対的に窮乏化するという理論ですが、数式でこれをモデル化できるようになりました。そうすると、ある条件が変わったら、窮乏化しないことが論理的に明らかになった。

同じようなことはパーソンズの理論にも起きて、論理的な定式化が進むことによって、内在的に矛盾点が見えてきた。

要するに、現実の世界と照らしあわせても間違っているし、理論としても矛盾があることがわかってきたために、二大巨頭のグランドセオリーも色あせていったんです。

古市　その後に日本では、宮台真司さんや大澤真幸さんがグランドセオリーを言う時代がやってきた。

しかしその後の状況を見渡してみると、宮台さんが言っていたグランドセオリーさえも、なかなか信じてもらえなくなっているような時代になっていませんか。

佐藤　まあ、それは当然のことで、グランドセオリーがぼこぼこ出てくるのはそもそも変なんです（笑）。地球の半分、東と西に一つずつグランドセオリーがあるぐらいならいいんですが、極東の、人口一億人の国で、二人もグランドセオリーを発明できるなら、単純に計算しても、先進国で一二人ぐらいの大理論家がいることになる。

そうなると、もう群雄割拠の戦国時代です。「俺こそが正しいんだ」という形で、小さなカリスマがあちこちに並び立つ。ただ、それも結局、社会の変化をうまく説明できなかったり、論理的な矛盾が見えたりすれば、ありがたみはなくなっていきます。

大澤真幸と宮台真司の違い

古市　宮台さんや大澤さんには信者がたくさんいたんですか？

佐藤　二人はだいぶタイプが違うんです。昔、社会学会で〝小澤《こさわ》くん〟という言葉が流行《はや》ったことがありました。

古市　こさわくん？

佐藤　はい。大澤さんのコピーのことを〝小澤くん〟というんですよ（笑）。大澤さんは当時、新たなグランドセオリーを担う人としてカリスマ的な存在で、そのフォロワーが〝小澤くん〟。当時は学会の大会で「何かと思ったら小澤くんの発表でした」みたいに使われてました。

でも、〝小宮台《こみやだい》〟という言葉はないんですよ。宮台さんの場合、〝宮台ファン〟という言葉はありましたが、〝小宮台〟とか〝ミニ宮台〟という言葉は生まれませんでした。つまり、宮台さんはカリスマではないのです。すごく魅力的なキャラクターで、「あの語り方が面白い」とか「あの視点がわくわくする」というファンはたくさんいたけれど、社会学でのフォロワーはほとんど生まれなかった。

古市　二人の違いは何なんでしょうか。

佐藤　原因を特定するには科学的な手続きが必要ですが（笑）。あえてそれをすっ飛ばして、昔思いついた仮説だけ述べると、育った環境の違いかなあ、と考えたことはあります。

古市　たとえば出身地ということですか？

佐藤　大澤さんは、一見派手で現代的に見えるけど、すごく生真面目な教育者なんです。先生というものが自明に信じられている環境で育った人じゃないかな、と感じました。それで「教育県長野」育ちだと聞いて、「なるほど〜」と勝手に納得しました。

それは学問のスタイルにも表れていて、大澤さんは、真理に対して近い／遠いという距離の意識がとても強いように思います。いわば真理を体現しようとする人で、だから、見知らぬ人からもフォロワーが生まれやすい。

一方、宮台さんには、真理が実在する感覚は希薄なように思います。むしろ、その時々で多くの人が沸《わ》き立つような話をしていきます。

『サブカルチャー神話解体』（ＰＡＲＣＯ出版）では「東京都港区的」なものが強調されていて、ご本人は転校経験が大きかったと言われていましたが、それらも含めて、「都会の人だなあ」と思いました。僕自身は広島という地方都市で生まれ育った人間だけに……（笑）。外に超然と立つのではなくて、周りの人々の感覚を鋭敏に感じ取り、それを「理論」の形で語る人です。

その意味では、大澤さんはカリスマ的な予言者に近く、宮台さんは憑坐《よりまし》、つまり巫女《みこ》に近い。お二人は学年的には同い年で、同じようなグランドセオリストだと見られがちですが、じつはそういう違いがある。そのへんもちょうど過渡期だと思います。

どうすれば社会学的な思考は身につくか

古市　『フラット・カルチャー』という本に寄稿した佐藤さんの文章に、ある理論を使っていろんな事象を説明する「過剰説明」を戒めるくだりがあります。これは、暗に宮台さんや大澤さんのグランドセオリーを批判しているように読めたのですが、違いますか。

佐藤　それは穿《うが》ちすぎです（笑）。僕はグランドセオリーにははっきり否定的だけど、あそこで想定していたのは、社会学の訓練を受けずに社会学を使ってしまう場合でした。たとえば、評論家の人が、本だけで社会学を勉強して説明に使うと、過剰説明になりやすいようです。

社会学という学問はダイアローグでしか学べない部分があります。さきほど言ったように、社会学的な思考は、「あなたのその問いは、こういうことを前提として考えていますね」という形で対話しながら、答えをゆるやかに探り出していく。もちろん、最初の大前提も無条件に正しいといえるものではありません。

そういう社会学の思考を身につけるためには、対話的な訓練を重ねる必要があります。それが社会学者にとって最も重要な訓練なんです。

古市　佐藤さんは、社会学的な思考をどんなふうに教えているんですか。

佐藤　一言で言うと、「自分の言うことが、どれだけ間違い得るかに鋭敏になれ」ということになります。自分がどこまでしか知っていないかに敏感であり続ける。それが社会学者の訓練ではとても大切です。

たとえばゼミでも、誰かの発表に対して「その見方はこういうことを前提にしているけど、それが正しいと思える理由は何なのだろう？」という感じで受け答えをしています。

社会学では、自分の話している前提が絶対的に正しいとは言えないなかで議論を進めながら、正しいことと正しくないことの論証をしていく必要があります。じゃあ、その論証の良し悪しをどう判断するか。いちばん強い基準は、自分が使った前提に矛盾することを言ったらアウトだということです。

こういう議論や思考では、自分が間違いをおかしているかもしれないという可能性につねに開かれていることが、とても重要になってくるんですね。逆に言えば、ある前提のもとでの説明であるにもかかわらず、結論や帰結だけを切り取って、「現代社会はこうなっている！」と語ってしまうのが過剰説明になります。

古市　自分の置いた前提と矛盾したり、前提を外して結論だけを絶対的な正解のように説明すると、社会学失格になるんですね。では、社会学として優れた説明というのは、どういうものでしょうか。

佐藤　すごく簡単に言うと、複数の選択肢を整合的かつ具体的に説明できることです。

「自分の考え方は一〇〇％正しいわけではない」と言うだけなら簡単です。でも、それ以外の選択肢も整合的に示すには、「前提をこう変えると、こういうふうになります」と、別の前提を置いたときの別の説明が具体的にできることが必要です。それができるかどうかで、社会学としていい説明と、そうでない説明はだいたい識別できます。

古市　その判断基準は、社会学以外にも当てはまりますか。それとも社会学独特の判断基準でしょうか。

佐藤　どの学問にもある程度当てはまると思います。でも、物理学や数学なら、絶対これが正しいという自分の直感を信じて、一〇年間ひたすら研究をして成果を出すというやり方もあります。物理学をモデルにしてできた経済学でも、そうやって勝負する人はいるでしょう。

そういう学問と比べると、特に社会学では複数の、オルタナティブな説明ができることを重視する度合いが強いとは言えますね。

長持ちする社会学者の条件

古市　社会学に向いているのは、どんな人だと思いますか。

佐藤　まずは好奇心があることでしょうか。好奇心がないと別の可能性や別の前提を考える想像力が働きませんから。そのうえで、ものの手触《てざわ》りに対する感覚を持っている人が向いていると思います。

古市　手触り？

佐藤　手触りってけっこう重要なんですよ。見ただけでパッとわかる見巧者《みごうしゃ》を自認する人や、頭の中だけで考える人は、社会学者としてあまり長く持ちません。触るという感覚を持っている人のほうが長持ちします。

古市　それはなぜでしょう？

佐藤　触る感覚のある人は、柔らかく物事を受け止めやすいからだと思います。「触る」というのは、全部はわからないけれども、何かの部分をつかむことができるんですね。触っているモノやコトが何かを教えてくれる。だから、別様に考えてみる想像力も働きやすい。

それに対して、頭の中だけで考えてしまう人は、別の可能性も抽象的な形でしか考えにくい。だから、発想や思考が硬直しやすいです。

古市　「長持ちする」という言い方をするのは、いつまでも社会学者でいることは難しいからですか。

佐藤　そう思います。僕が持っている仮説の一つは「社会学者に無限の寿命を与えたら、最後は全員宗教家になる」というものです。

さきほど言ったように、自分の言うことが部分的にしか正しくない、あるいは自分の言うことを疑いながら論理的に話し続けるのは、かなり厳しく自分をコントロールする作業になります。すごくしんどいし、頭を使うだけでなく、体力まで消耗します。予言者っぽく「こうだ！」と断定するほうがよっぽど楽です。

だから無限の寿命があると、僕も含めてみんな、いつか疲れて社会学者をやめて宗教家になるのではないか、と。

古市　佐藤さんは、同じ社会学者である北田暁大さんに「意地が悪い」と書かれています(笑)。佐藤さんにかぎらず、社会学者って、どうしても皮肉屋だとか意地が悪いというイメージがあるんですが。

佐藤　実際、意地は悪いでしょ？(笑)　いかに僕が意地悪く同業者を見ているかは、いままでの話の中で十分わかっているのに、わざわざそういう質問をする古市さんも意地が悪いと思いますが……。

まあ、社会学者はある種の皮肉屋ではあると思います。言っていることを自分でも一〇〇

％は信じない。物事は前提に依存することを叩きこまれているので、「あなたはこれを信じているけれども、信じる根拠はじつはどこにもないでしょ」みたいな形で、相手の話の足元を掘り崩す芸はうまくなります。

ただ、それだけに、ユーモアを持つことが大事だということは強調しておきます。ユーモアがなくて意地悪だけになると、本人も精神的にきつくなっていきますし、他の人も耳を貸さなくなっていきますから。

これからの社会学は進歩するのか

古市　これからは、いままで以上にグランドセオリーが生まれづらいと思うのですが、そのなかで社会学はどんなふうに進歩していくんでしょうか。

佐藤　こういう場面や状況ではこういうことが起きる、という限定的な知識を積み重ねていくことはできますよね。

たとえば東アジアの社会を見ると、日本のあとを韓国が追いかけ、韓国のあとを中国が追いかけるというふうに、時間差を伴いながら、かなり同じような展開をしてきています。でも、大枠では似た展開をしても、日本と韓国は絶対同じ社会にはなりませんよね。

そういう「似ているけれど違う」というケースがいくつも観察できると、限定的な知識同士をさらに組み合わせて将来を予測することもできます。「似ているけれど違う」ケースでは、前提条件の違いによる因果を特定しやすいんです。

一方で、昔ながらの課題もあって、制度に関する知識や経験が薄い。僕の最初の著作『近代・組織・資本主義』は法人をめぐる比較社会学ですが、社会学者が「法律」のことを論じるのは怖いんですよ。

法学や経済学が近代的なビルだとすると、社会学は「ビルの谷間のラーメン屋」みたいな意識があって、ビルの中にはなかなか入れない。ついつい「ビルの周りの草地はこうなっていますよ」みたいなことばかり書いてしまう。でも、社会はすべて絡《から》まっているわけだから、社会学の研究には法制度や経営組織の知識も必要です。

にもかかわらず、いまだに社会学者は、これらに苦手意識を持っているようです。むしろ、法学や経済学の研究者の中で、社会学の考え方をうまく身につけて仕事をしている人が増えている印象が強いですね。

古市　そこでいう社会学的な考え方というのは、単に社会学の用語や概念を使うことではないですよね。佐藤さんが説明してくれたように、社会の内部にいながら、反省的なまなざしを向けるということですか。

佐藤　そういうことです。政治学であれ経済学であれ、社会科学の研究者は、基礎的な訓練は受けているので、評論家がメディアから予言を求められて性急に「社会学」を使ってしまうのとは違って、専門的な研究としての社会学にも適応しやすいです。

だから、ギルドとしての社会学の最大のライバルは、法学や政治学、経済学の人たちが、社会学もできるようになることだと思います。

でも、縄張り争いをしたって仕方ないですから。社会学者も法制度や経済のことを語れるようになって、法学や政治学、経済学や経営学の人たちと相互に刺激しあう関係をつくっていくべきでしょうね。

＊佐藤俊樹氏の希望により、雑誌掲載時のものをそのまま再録いたしました。

上野千鶴子先生に
「社会学の使い方」を聞く！

上野千鶴子（うえの・ちづこ）
1948年富山県生まれ。京都大学大学院社会学博士課程修了。社会学博士。東京大学大学院人文社会系研究科教授を経て、現在、認定NPO法人ウィメンズアクションネットワーク（WAN）理事長。立命館大学特別招聘教授・東京大学名誉教授・日本学術会議連携会員。専門は女性学、ジェンダー研究。著書に『家父長制と資本制』『近代家族の成立と終焉』『ナショナリズムとジェンダー』（以上、岩波書店）、『おひとりさまの老後』（文春文庫）、『ケアの社会学』（太田出版）など多数。

上野千鶴子さんについて

いつ、どのような「上野千鶴子」に出会ったか？　それによって上野さんのイメージはまるで変わったものになるのだろう。

「ジェンダー論のパイオニア」「攻撃的なフェミニスト」「京都の女王」「東京大学の鬼教授」「下ネタ専門の人生相談回答者」「介護問題のエキスパート」など、上野さんはいくつもの顔を持つ（ちなみに「京都の女王」というのは見田宗介さんの証言だ）。

それは上野さんのキャリアが長く、活動分野も多岐にわたってきたからである。一九八〇年代に出版された『スカートの下の劇場』（河出文庫）から、まだ記憶に新しい『おひとりさまの老後』まで、各時代にベストセラーを生み出してきた。社会学界の中島みゆきのような存在だ。

この対談で会ったのは「明晰な社会学者」としての上野さんだ。

彼女自身が『ひとりの午後に』（文春文庫）で述べるように、「社会学者」としての上野さんは「すれっからしのリアリスト」である。「社会」を身も蓋《ふた》もなく説明し、「常識」の関節《かんせつ》外《はず》しをしてみせる上野節は、非常に痛快だ。

たとえば二〇一六年にメディアを賑《にぎ》わした不倫報道に対して、上野さんは「人はなぜ不倫をしないのかのほうが不思議です。その前段階として、人はなぜ結婚という守れない約束をするのか、がもっと不思議」と疑問を呈する（『人はなぜ不倫をするのか』SB新書）。

上野さんの定義によれば「結婚」とは「自分の身体の性的使用権を生涯にわたって唯一人の異性に譲渡する契約」。たしかにこう考えると、「不倫がなぜいけないのか」の前に「人はなぜ結婚をするのか」のほうが疑問に思えてくる。これはほんの一例だが、上野さんの文章を読んでいると、その明晰な腑分《ふわ》けにはっとさせられることがある。

上野さんは、クリスチャン・ファミリーの生まれだ。しかし信仰者にはならなかった。『生き延びるための思想』（岩波書店）の中では、「祈り」を「無力な者の、最後の行為。行為とすら、呼べないほどの、無力な呟《つぶや》き」と切り捨てる。上野さんは、祈らずに済むためにフェミニズムを選び、社会学という武器を手にした。

たしかに上野さんの社会学には「祈り」がない。それなのに読後感は不思議と悪くない。それは上野さんの言葉にはいつだって「希望」を感じられるから。しかもそれは「すれっからしのリアリスト」である彼女が、きちんと現実を分析したうえで紡がれた「希望」の言葉だ。

その「希望」に救われた人は数知れない。なぜなら、偽物《にせもの》でない「希望」の言葉は「優しい」からだ。

僕にとって上野千鶴子とは、「優しい人」である。

社会学とは何か

古市　まずは、この本で皆さんに聞いている質問から始めさせてください。上野さんは「社会学って何ですか？」と聞かれたら、どう答えますか。

上野　社会学って、ふつうは「社会と個人についての学問」だと言われているけど、もう少し厳密に定義するなら、「人と人とのあいだに起きる現象について研究する学問」ですね。

それともう一つは、社会学を含む社会科学は、メタフィジックス（形《けい》而《じ》上学《じょうがく》）ではなく、エビデンスにもとづく経験科学だということです。

もちろん、社会学者を自称する人たちのなかには、

上野千鶴子
×
古市憲寿

「社会学の
使い方」
について
聞いてみました

形而上好きがいっぱいいるけれど、私はそれはやりません。

古市　メタフィジックスとは、様々な現象の裏側にある、世界の本質を理解しようとする学問のことですね。神学や哲学が典型的です。メタフィジックスまで行かなくても、上野さん自身に統一的な理論を作りたいという欲望はなかったんですか。

上野　なかった。なぜなら、私たちの世代の社会学者は、グランドセオリーが解体したあとに、職業的アイデンティティを形成しているからです。

私には二人の師匠がいて、一人は吉田民人《よしだたみと》というゴリゴリの構造機能主義者。吉田さんは、概念の整理魔みたいな人で、どんなに議論を挑《いど》んでも必ずそれを体系のなかに位置づけて説明するんです。私、最長で七時間、吉田さんと議論しましたからね。

古市　七時間も何をしゃべっているんですか。

上野　「私の話をあなたの理論で説明されてたまるか」と抵抗し続けるから続くんですよ。で、しゃべり終わったら、私はくたくたなのに、吉田さんは「僕はちっとも疲れてない」という（笑）。

古市　その吉田先生から、上野さんは何を学んだんですか？

上野　グランドセオリーの胡散臭さね（笑）。

まじめに答えると、学問よりは姿勢を学んだ。理論はつねにギャンブルであるとか。対して、もう一人の師匠である作田啓一さんからは、具体的な現象を解釈する知の豊かさを学びました。一九七〇年代ですけど、そのころに社会学の潮流は、群雄割拠の各論の時代に入っていったんです。

古市　群雄割拠の時代というのは？

上野　たとえば、社会運動論とかアイデンティティ理論とか、面白い理論がいろいろ出てきた。それらの理論は、局所的な現象や出来事は説明できます。でも、アイデンティティ理論ですべてが説明できるわけじゃない。だから、ローカルな問いに対して、ローカルな答えを出すというふうに社会学も変わっていきました。

社会学者はシャーマンである

古市　社会学はローカルな答えを出すだけでいいんでしょうか。

上野　理論というものは、現実を説明するためのツールでしょう。私はグランドセオリーの予見能力なんてほとんど信用しません。理論はつねに変わってしまった現実を、愚直に、忠実に追い掛けて説明するための道具にすぎない。そういう意味では、「社会学者はシャーマンである」というのが私の説です。

古市　シャーマン？

上野　昔、「バーガー――われらがシャーマン」という小文を書いたことがあってね。バーガーとは、ピーター・バーガーのことですが。

シャーマンとは、わけのわからない現実に説明を与える人、いわば社会の絵解き師です。シャーマンの絵解きには、正しい／正しくないという真偽判定はない。だから、「正しいシャーマン」なんていないのね。その小文にも書いたけど、「うまいシャーマン」と「へたなシャーマン」がいるだけです。

古市　どうして「正しいシャーマン」はいないんですか。

上野　経験的な現実に与える説明というものは、現実近似《きんじ》であっても、じつは検証不可能だからです。じゃあ、その説明の判定基準は何かというと、「理解可能性（intelligibility）」か「もっともらしさ（plausibility）」ということになる。「もっともらしさ」が判定基準なんだから、正しい説明なんてなくて、うまい説明とへたな説明があるだけ。

古市　シャーマンって、現実を説明するだけじゃなくて、未来予測も期待されませんか？

上野　予言もしますよ。そのときの原則は、短期予測はせず、できるだけ長期予測をすること。なぜかというと、短期予測は当たったか外れたか、すぐにばれてしまうから（笑）。

とは言っても、ほとんどの予測は、現状のトレンド上にあるから、「想定外」を予測する能力のある社会科学者なんていないですね。

古市　たしかに長期予測はなかなか検証されませんからね。

ところで、説明のもっともらしさということが、うまい／へたの判定基準だとすると、結局、いい社会学者の条件って、売れているかどうかになってしまいませんか？

上野　売れているかどうかというより、オーディエンスがどう判定するかです。このことは、トマス・クーンの『科学革命の構造』（みすず書房）を読んで深く確信しました。『科学革命の構造』は読んだ？

古市　たしか、パラダイムについて書いてある本ですよね。

上野　その言い方は読んでないな。

たとえば、天動説から地動説へのパラダイムシフトがなぜ起きたのか。これは理論の真偽を争って起きたわけじゃないのよ。議論をすれば、どちらも負けない。天動説の理論体系でも、天体の動きを整合的に説明できる。惑星という例外まで説明してありますし、日蝕や月蝕だって予測できる。要するに、天動説も地動説も、グランドセオリーであることには変わりがないわけ。
じゃあ、なぜパラダイムシフトが起きるかというと、クーンはとてもすばらしいことを言った。科学者集団のオーディエンスが新しい理論に同意することで変わっていくのだと。
古市　それは社会学も同じということですね。
上野　そう。同じです。

保守本流と一般読者との間で

古市　でも、オーディエンス集団にも、社会学のコミュニティとか、日本国民全体とか、いろいろな集団が考えられますよね。
上野　はい。社会学にかぎらず、学会の保守本流と、一般市民のあいだの「常識」には大きなずれがあります。
古市　でも、保守本流がやっている社会学と、一般読者向けの社会学って、そんなに断絶があるんですか。それとも意外とどこかでつながっているんですか。

上野 どちらの面もあります。

たとえば、社会学界の保守本流が行っているＳＳＭ調査（「社会階層と社会移動」全国調査）の報告書を一般読者が読むと思う？

古市 読まないですね。だって、ＳＳＭ調査は調査してから発表まで六年ぐらいかかってるじゃないですか。本も各巻五〇〇〇円以上します。

上野 たしかに一般書にはならない。でも、歴史的な資料なんだから、六年かかろうが、それはそれで価値があるんです。学術書の部数が数百部のオーダーでも、何十万部の書物と比べて価値が劣るわけではありません。

ただ、読まれる学術書だってあるでしょう。小熊英二さんの分厚い本やピケティの本とかね。そういう書物が十万台のオーダーで売れるという日本は、アカデミシャンが書いた本を読む非アカデミシャンの層がすごく厚い。フリンジ・アカデミック・ジャーナリズムと呼んでいますが。

アメリカではその二つはまったく断絶してる。そういう読者層に注目すれば、日本では学会と一般読者層もまったく断絶しているわけではありません。

古市 なるほど。上野さんの場合は、学会の保守本流向けの論文も書いてきたし、読みやすい学術書、それからまったくの一般書も書いてきましたよね。それは、言葉を使い分けてきたということですか。

上野　私はアカデミック・ランゲージと一般読者向けの日本語とのバイリンガル。パンピー（一般ピープル）向けも媒体別に文体をいくつも変えてきましたから。私が書いた雑誌のコラムを読んで、「えー、この上野千鶴子ってあの上野さん？」みたいなことを読者に思わせるのが楽しかったわけ。

ただね、老婆心で言っておくと、アカデミック・ランゲージは、一定のテンションを維持しないと、書き続けられない。克明に引用と脚注を入れ、一字一句ゆるがせにしないで、無駄をできるだけ省いて……という書き方は、それを書き続ける生活習慣を維持しないとできません。

古市　いまは上野さんもできないんですか。

上野　できません。定年になって、この業界から自分が降りたと思ったら、あのテンションで文章を書けなくなりました。一般読者向けの文章ばかり書き慣れていくと、戻れなくなるんですよ。だから、若いうちに一般読者向けの本ばかり書いてしまうと、アカデミックな論文が書けなくなるかも。

それに、一般向けの本を書くと、人の読まない論文を書くのがアホらしく思えてくるでしょうし。一般読者のほうがオーディエンスも多いし、マーケットも大きい。反応もすぐ来るでしょう。

古市　そうですよね。アカデミックな論文を書いても、別に反応とか来ないじゃないですか。

上野　でも、プロの研究者として生きるつもりなら、アカデミック・コミュニティの中で勝負の場所を持つ必要があります。

研究と運動は両立するか

古市　上野さんは、社会学者であると同時にジェンダー研究者でもありますが、その二つの間で葛藤はないんですか。

上野　ない。どうして葛藤があると思うの？

古市　社会学者というのは、それが社会科学である以上、中立的に物事を見るっていう視点が必要だと思うんです。一方でジェンダー研究者としての上野さんは、「社会はこうなるべきだ」という社会運動家の意識も入っているんじゃないですか。

上野　古いね、キミは。社会科学者って中立的なの？

古市　でも、経験的な現実にもとづいて何かを研究結果として導き出すわけじゃないですか。そういう行為と、ある方向に社会を誘導する行為は衝突しないんですか。

上野　正しい戦略を立てるには、自分が戦うべき対象を正確に理解しないと間違ったことをやるのよ。おまけに効率も悪くなる。

私はね、『家父長制と資本制』という本を書いたときに、それがつくづくわかりました。家父長制も資本制も、私が嫌いな二つの敵。それを分析したら、どこが弱点なのかがはっきり理解できた。

古市　じゃあ、初めにもう戦うべき相手があるわけですね。

上野　当たり前ですよ。だって、問いが立つというのは、そういうことだから。問いに公平も中立もありません。

私は「仮説」とは何かを学生に説明するときは、「あなたの思い込みと偏見のこと」だと言っています。研究がエビデンスに基づくということは、敵を正確に知るということ。そこを間違っちゃいけないというだけの話で、それだって戦うためにそうするんです。

古市　上野さんはずっと敵がいたわけですか。

上野 そう。だから戦略的には動きますよ。私は経験科学の研究者だから嘘はつかないけど、本当のことを言わないこともある。

古市 つまり、データを出さないこともある？

上野 もちろんです。

古市 それはいいんですか？

上野 当たり前よ。それはパフォーマンスレベルの話だから。だけど、自分たちの議論にどういう弱点があるかとか、欠陥があるかということは正確に知っているほうがいいに決まっている。そこに目を塞《ふさ》ぐのは、研究者としてあってはいけないことですね。

古市 ただ、アウトプットの段階で出すか出さないかは、戦略次第ということですね。

上野 そう。その話を小熊英二さんに話したら、「社会運動家としては正しい選択です」と言ってくれました。

古市 やっぱり、上野さんの中には運動家という意識も強いわけですか。

上野 それははっきりそうです。ジェンダー研究はフェミニズムのツールですから。

古市 でも社会学者として予言することと、運動家として「こうしたい」というのは違いますよね。

上野　そこは違いますね。たとえば「日本の少子化はどうなりますか？」と質問されたときには、必ず質問者に「それは私の客観的な予想と希望的観測のどちらをお聞きになりたいんですか？」って聞くの。

やっぱり社会運動家としては、「こうなったらいいなぁ」という希望的な観測がある。でも、そういう希望的観測と、事実から導かれる予測は別物でしょう。

古市　じゃあメディアの求めによって、発信方法と内容を使い分けているんですか。

上野　もちろん使い分けます。「こうなったらいい」というメッセージを発信したほうが有利に働く場合だってありますからね。

そもそも社会学というものは、自己言及的な学問。つまり、自分の言説そのものが現実の一部を構成していくという言説活動ですから、そこは戦略的に考えますよ。

社会学セールス・レディのミッション

古市　上野さんの場合、ジェンダー研究者としてアウトプットするものと、社会学者としてアウトプットするものに違いはありますか。

上野　最初は違っていたけど、ジェンダー研究は学際的な学問で、その中で私が使えるのは、社会学のツールですから、いまはほとんど境界はありません。
　社会学自体も越境的な学問ですから、言語学、文学批評、心理学、精神分析……と、ありとあらゆる分野の知を吸収してきました。越境的な研究をするには、社会学者であるという看板は、ものすごく便利です。

古市　でも、逆に外からは専門性がわかりづらいように思うんですけど。

上野　そこはもう開き直ったほうがいい。領域の専門性を確立することに悪戦苦闘している社会学者もいるけれど、分野の境界を設定すればするほど、社会学は痩《や》せていきます。

古市　じゃあ、専門性にあまりこだわる必要はないんですかね。

上野　はい。周辺領域から貪欲に取り込んで社会学と名乗ってもらうほうが、業界的にはメリットが大きいですね。

古市　でも、あまり肥《こ》え太りすぎると、社会学の入口が見えなくなりませんか。

上野　ええ。社会学が越境したり、他の学問が社会学に接近すればするほど、社会学が具体的にどういう学問かを説明するのは非常に難しくなります。そこで大きな意味をもつのは、固有名を持つ社会学者です。

私は、上野ゼミに来た人たちに、なぜ社会学を選んだのかをいつも尋ねてきたけれど、その中には、「宮台真司さんのような研究がしたい」「大澤真幸さんのようなことがしたい」と答える学生がいる。そういう固有名を伴って社会学がパーソナライズされることで、時々社会学ルネサンスが起きる。そうやって新規参入者が増えればいいんです。ただし、「宮台や大澤はひとりでたくさん、真似《まね》はするなよ」と言っていますが（笑）。

私は、「社会学業界のセールス・レディ」を自称しておりますので、「上野さんみたいな研究をしたい」と言ってもらえることは、業界の繁栄にとって非常にけっこうなことです。

問いのない人は社会学に来なくていい

古市　社会学って、どんな人が向いていると思います？

上野　以前、よく言っていたのは、「一に好奇心、二に好奇心、三、四がなくて、五に尻軽さ」（笑）。

古市　「尻軽さ」っていうのはどういうことですか？

上野　好奇心に体が伴って、現場に動くということね。好奇心って「おや？」とか「あら？」という引っ掛かりやノイズのこと。普通の人が引っ掛からないところに引っ掛かって、体が動く人が向いてます。

それに加えて、最近は、少し違うことも言うようになりました。社会学者のもう一つの条件は、想像力より現実のほうが豊かだと思えること。これはすごく大事です。

古市 なぜですか？

上野 私が社会学者の仮想敵に置いているのは、作家やアーティストです。というのは、「クリエイティブなことをやりたい」と勘違いして、社会学科に入ってくる学生がいるから。誰にも真似のできないこととか、まったくオリジナルなことをやりたいんだったら、創作科にでも行け、と。研究というのはね、アーティストの仕事じゃなくて、アルティザン、職人の仕事なんですよ。

古市 具体的にどう違うんですか？

上野 たとえば、アーティストだったら、バッハの何とかとか、ロダンの何とかと、名前とともに歴史に残ることが名誉でしょ。でも、社会学者の場合、「フーコーの言説分析」と言われているうちは、まだ職人集団の共有財産になっていないということ。だから、「フーコーの」が脱落して、「言説分析」ということだけが業界共有のツールになるほうが、職人としての名誉なわけです。

古市 どうしたら、職人集団に加えてもらえるんですか?

上野 決まりきったことです。学位論文を書く。それが、社会学の職人集団に入るための加入儀礼です。

古市 ただ、漠然としたテーマは抱えていても、それを研究テーマになるような問いに落とし込むことって、けっこう難しいと思うんですが。

上野 問いのない人は社会学に来なくていいです(笑)。

古市 この本は、これから社会学を目指す人も読んでいると思うので、何か具体的なアドバイスをください。

上野 私がゼミで一貫して言ってきたのは、社会学を含む社会科学は経験科学だから、答えの出ない問いは立てないということです。人はなぜ生きるか、人生に意味があるか、とかね。

古市 それは社会科学ではないから?

上野 うん。「そういうことを考えたかったら、宗教学や哲学に行け。上野ゼミでは問うな」と言い続けてきました。

二つ目には、手に負えない問いは立てないことです。「世界システムの行方」とか、おまえに答えが出せるかって（笑）。簡単にいえば、風呂敷を畳めということです。

手に負える問いでも、一年で出せる答えと、三年で出せる答え、五年で出せる答え、一生をかけないと出せない答えがある。そういう問いのスケール感を間違えてはいけません。

古市　そういう問いの立て方にセンスは関係しますか。小熊さんからも佐藤さんからも「センス」という言葉が出てきたんですけど。

上野　もちろんあります。正確に言えば、センスと訓練ですね。センスは天賦《てんぷ》のもので、泣いても喚《わめ》いてもどうにもならないけど、訓練できる部分もある。だから私はゼミで研究計画書を提出させて、何度も何度も突っ返してきました。

古市　たとえば、三年間では絶対に実現不可能な計画が出てきたら、突き返すわけですね。

上野　突き返します。

それから、私は社会学は経験科学だと確信していますから、二次データを器用にまとめ上げるような研究はいっさい認めなかった。観察であれ、調査であれ、自分で一次情報を取ってくる研究しか認めませんでした。

上野ゼミでは、そういういくつかのポリシーを学生に押し付けてきた。その点では家父長のように壁になって立ちはだかって、この私を乗り越えていけという昔風の教師だったよね。

古市　社会学者は意地悪とか皮肉屋とか言われることが多いのは、どうしてでしょうか。

上野　社会学という営みは「常識の関節外し」だと私は言っています。普通の人が当然のように信じていることを、素直に信じない。つねに「なぜ?」「どうして?」と疑ってかかる。それが習い性になるから、どうしたって性格はシニカルになります。

古市　上野さんは社会学を始めてから、性格が悪くなったんですか。それとも、もともと性格が悪くて、社会学を始めたんですか。

上野　相乗効果ですね（笑）。性格が悪いから、社会学者になるには有利だったかもしれませんし、社会学をやってますます性格が悪くなる。逆に言えば、あまり物事を疑わない信じやすい人は、社会学者に向いていません。

古市　本を読むときも疑いながら読みますか。

上野　そりゃそうです。文献を読むことは、他人のアラを探すこと。自分で同じような論文を書けなくても、他人のアラを探すことはできます。私はもう体質がそうなっているから、赤ペンを持たずに本を読めないもの。

ゼミで古典と言われる文献を読ませると、説得されて「何もコメントがありません」という学生がいるけれど、そういう人も社会学者には向きませんね。

古市　たしかに、社会学をやると性格が悪くなっちゃいますね。

古市くん、プロの研究者になりたいの？

上野　古市くんは、プロの研究者になるというキャリアプランは相変わらず持ってないんだよね？

古市　プロっていうか、大学で絶対に職を得たいという気持ちは、いまのところありません。

上野　プロの研究者になるかならないかと、大学にポストがあるかどうかは関係ありません。

古市　なれるならなりたいですけど。

上野　なりたいなら、いい論文を書いて、誰からも文句の出ない業績をつくることです。アカデミック・コミュニティには相対的に公平な業績原理が生きていますから、よい研究をすれば必ず評価する人がいます。

それだけでなく、キミたちの世代のプロの研究者には、私たちの世代と大きく違う要請がある。それは、アカデミック・コミュニティがグローバル化しているということ。もっと露骨に言えば、英語化です。

古市　英語ができないと研究者にはなれないということですか。

上野　なれないというより、英語で受発信できない研究者はグローバルには存在意義がないということです。別に欧米と勝負するためというわけじゃなくて、英語が世界共通語だから。いま、日本の経験に強い関心を持っているのは、アジアの人たち。少子化も高齢化も直近の未来ですからね。たとえば介護保険制度のもとでの日本の経験は、海外に発信できるレベルに達しています。そういう日本ローカルな情報を世界に発信していくことが、これからの日本の研究者のミッションになります。これからはグローバルな学術のネットワークをつくらないと、一流の研究者とはいえません。

古市　僕も海外に行ったほうがいいですかね。

上野　プロの研究者になりたいなら、他の選択肢はありません。行くべきです。

古市　どのタイミングがいいと思いますか。

上野　早ければ早いほどいい。

古市　でも、どこに行くかという選択も難しくありませんか。国によって学問レベルがそんなに大きく違うわけじゃないし。

上野　アメリカ以外の選択肢はないと思う。アメリカにいれば、勝手に他の国の人が集まってくるから。そこで競争をして、グローバルに発信できる実力を磨くことね。

古市 日本にいたままだと、きっとだらだらと研究者生活を送れてしまうんですよね。

上野 これまで日本のアカデミック・コミュニティは、日本語という非関税参入障壁に守られてきたけど、グローバル化の圧力のもとでは、それも難しくなるでしょう。そのまま地盤沈下していくでしょうね。

古市 グローバル化したアカデミック・コミュニティの中で生き残るか、それともアカデミック・コミュニティから出たほうがいいのか。

上野 出たら、人気という不安定なものだけを資本として、文化人タレントという消費財として生きるしかない。新しい才能が出てきたら、あっというまに関心はどんどん別の人に移っていきます。

古市 市場原理ですからね。

上野 そう。消費し尽くされないよう、くれぐれもお気をつけあそばせ。

仁平典宏先生に「社会学の規範」を聞く！

仁平典宏（にへい・のりひろ）
1975年茨城県生まれ。東京大学大学院教育学研究科博士課程修了。教育学博士。日本学術振興会特別研究員、法政大学社会学部准教授などを経て、現在、東京大学大学院教育学研究科比較教育社会学講座准教授。専門は社会学。著書に『「ボランティア」の誕生と終焉──〈贈与のパラドックス〉の知識社会学』（2011年、名古屋大学出版会。日本社会学会第11回奨励賞受賞、第13回損保ジャパン記念財団賞受賞）、『平成史［増補新版］』（共著、2014年、河出書房新社）など。

仁平典宏さんについて

初めて仁平典宏さんに会ったのは、本田由紀さんのゼミだった。ちょうど博士論文を提出したばかりの仁平さんが、その概要を発表しながら、ゼミ生たちの質問に答えていた。その対話を聞きながら、何て聡明な人なのだろうと思った記憶がある。

仁平さんの博士論文は『「ボランティア」の誕生と終焉』という本にまとめられている。小熊英二さんばりに厚くて重い本だ（三・六cm、九一三g）。明治から現代にかけて「ボランティア」がどのように語られてきたかを追ったものだ。

「ボランティア」をめぐる議論は極端な形をとりやすい。「ボランティアはすばらしいものなんです」「いや、ボランティアなんて偽善だ」といった素朴な論争から、「本来は国家が担うべき福祉をボランティアに担わせている」といった研究者からの批判もある。

最近では「芸能人が募金をして、それをSNSなどで公開するのは売名行為なのではないか」という議論が盛り上がった。しかし仁平さんの本によれば、明治時代から義捐金《ぎえんきん》に対する偽善批判や、善行は隠れてやってこそ本物といった議論があったという。

このように、「ボランティア」をめぐる議論は近代日本でかなりの数、出尽くしている。そのうえで、「ボランティア」をどう考えればいいのかの補助線を、仁平さんの本は与えてくれる。

さて、『「ボランティア」の誕生と終焉』の出版は、二〇一一年二月二八日だった。そう、その約一〇日後に東日本大震災が起こる。ボランティアの「終焉」どころではない事態が発生してしまったのだ。

仁平さんはそのころのツイッターに、「これまで書いてきた議論の水準を遥《はる》かに超える事態に、無力さを感じながら、今できる事を手探りでやっている」と残している。

実際、仁平さんは、震災直後から、もともとの知識を活かしながら積極的に情報発信を始めた。そして定期的に被災地に足を運びながら、「研究者」としても三・一一を記録・分析してきた。また、当時所属していた法政大学の多摩ボランティアセンター長としても、学生たちの活動をサポートしている。

このように仁平さんは、研究と実践を両立する社会学者だが、あまり暑苦しいイメージはない。それは、仁平さんの「聡明さ」が「真面目さ」とセットだからだろう。誠実と言い換えてもいいのだが、真面目だから「社会学者」として自分が語れること、語れないことの境界に非常に意識的なのだ。

『「ボランティア」の誕生と終焉』に続く本格作の発表が待たれている。

仁平典宏×古市憲寿

「社会学の規範」について聞いてみました

社会学の共通財産

古市　仁平さんは、僕にとっては先輩の社会学者ですが、この本の中では開沼博さん、鈴木謙介さんに次いで若い一九七五年生まれです。でも書いた本を読んでも、他の社会学者に聞いても、仁平さんは絶対に外せないと思ったんです。

仁平　そこが古市さんの巧《たく》みなところだよね。社会学の学生に聞いてみると、古市さんの語り口が好きな人と嫌いな人の両方がいます。でも、「大御所だけでなく、地味な人も押さえてます」と、メタレベルからいろんな社会学者の雁首《がんくび》を並べておけば、古市さんに否定的な学生も取り込める。これは、古市ブランドの向上に寄与する企画ですよね（笑）。

古市　いやいや、単純に僕は仁平さんのファンなんですよ！　佐藤俊樹さんも言っていましたが、社会学者って本当にいじわるな人が多いんですね。この企画の意図もシンプルなんです。社会学は範囲が広いし、研究者によって研究の中身も全然違うから、いろいろな社会学者に「社会学って何ですか」と尋ねてみようと思ったんです。

仁平　たしかに社会学者の数だけ社会学の定義があると言われます。でも、大学で行われているトレーニングという点では、結構似たようなことが教えられているんじゃないかな。

とすると、方法論の部分から見たほうが、社会学の特徴は見えやすいだろうというのが僕の考えです。

古市　方法論から考えると、社会学の共通点って何なんですか？

仁平　経験的研究について言えば、学問的に正当化された方法的手続きに則ってデータを収集し、分析し、解釈し、含意を示す。そのうえで反論に開く。テーマを問わず、ここは共有されてる部分だよね。

古市　でも、方法論に従えば、いい研究ができるわけじゃないですよね。

仁平　うん。それぞれの方法論には、社会とは何か、どう捉えるべきかに関する前提が組み込まれていて、いい研究と言われるものは、その部分への自覚や理解が深いように思います。方法論にもいろいろあるけど、比較的共通するエッセンスとして、少なくとも次の四つがあるかな。

一つは、「男は戦う生き物」みたいな本質主義は取らず、物事は言語的・意味的に構成されているという見方。第二に、物事の意味は関係性の網の目のなかで決まり、その布置《ふち》は時代や集団によって変わるという見方。

三つ目は、個人の行為は社会的な要因によって影響を受けると同時に、その個人の行為によって社会は差異を孕《はら》みながら再生産されていくという見方。そして最後に、研究者も社会の外部に立てず、研究や発言はその再帰的なプロセスに組み込まれていることへの自覚。

こうしたものが、社会学の共通財産として、「センス」や「いい研究」と言われているものの土台をなしているんじゃないかと思うんです。

古市　その四つって、社会学の教科書にもけっこう書いてあるじゃないですか。それができる人とできない人がいるということですか？

仁平　うーん、適切なトレーニングを受け、真摯にデータに向き合い、理論との対話を重ねるなかで、修得していくものだと思うけど。

ただ、それがどこまで身体化されてるかは別問題ですね。たとえば、講義では性別役割分業の神話について話しながら、家では「オレ仕事して疲れて帰ってきたんだから飯作っとけよな」と言う奴のガッカリ感は半端ない。

社会学は脆弱な根拠で成立している

古市　なるほど。トレーニングでセンスを身につければ、社会学が共有するプラットフォームに乗ることはできる。そのうえで、個々の研究が扱う対象はバラバラで幅広い。でも、外側からは対象の幅広さばかりが目につくから、社会学者に評論家的な役割が求められやすいのかもしれませんね。

仁平　小熊英二さんは、社会学者は社会的には「評論家」とほぼ同じだと答えてましたね。でも僕はある意味では、評論家から一番遠く離れざるを得ないのではないかと感じています。たとえば「オスプレイをどう思いますか?」と尋ねられた場合、もちろん市井《しせい》の個人としてはいろいろ意見があるけど、「社会学者」として、その方法的基準に基づいて語れる範囲は、かなり限定されちゃうんじゃないかな。それに関連するテーマに取り組んでいる人は別ですが。

古市　でも、それは社会科学全体に当てはまりませんか?

仁平　当てはまるけど、経済学者や法学者の場合、研究の対象が限定されているので、研究者としての発言なのか、一市民としての発言なのかは明快じゃないですか。

たとえば、経済学者が「ももクロ」について何か発言すれば、経済的な分析でないかぎりは、明らかに市民としての発言であることがわかるよね。

一方、社会学が扱う対象の範囲は無限定だから、社会学者が何かつぶやいた場合、何らかの学問的な知見や基準に基づいたものか否か、形式的に判断することは難しい。それだけに、他の社会科学以上に、自らの語りが依拠する知の水準に自覚的な必要がある気がします。

そこをごっちゃにすると、個人的なつぶやきなのに無駄に権威づけされたり、逆に社会学自体がいい加減だと見なされてしまうことになるように思う。

さらに、他の学問と異なる社会学のもう一つの特徴として、データの性格に起因する、追試の難しさもあります。

古市　ある研究を他の研究者が再現できるかどうかってことですね。

仁平　そう。経済学なら、公開された経済指標をもとに分析するから、追試することはできます。法律の条文や判例もアクセス可能です。実験心理学にしても、同じ条件下での実験を通じて追試を行うことができる。

でも、社会学のフィールドワークやインタビュー調査は、個人情報保護の観点から対象の特定すらできません。もちろん調査記録の公開もできない。

同様に、質問紙調査でも個票は公開されず、適切にサンプルを抽出したか、恣意的なデータ処理はないかについて、不可視な部分は残る。

その意味では、社会学の研究は脆弱《ぜいじゃく》な前提で成り立っている。にもかかわらず、学問という顔ができるのは、その学問の共同体において、データの捏造《ねつぞう》や恣意《しい》的操作が許されておらず、研究者も正当な手続きで分析しているだろうという社会的信頼が成り立つかぎりにおいてです。

そう考えると、社会学者の肩書きで、評論家に求められるようなコメントや発言をする古市さんは、社会学の信頼基盤を危うくしかねないスキャンダラスな存在という気もするんだよね。

古市　社会学って、社会からそんなに信頼されているんですかね。

仁平　個別の知見や人への評価はともかく、大学に学科や講座がある以上、制度レベルでは社会的信頼を前提にしていると言うしかないでしょう。それを実質化できるかは、個々の社会学者にかかっていますが。

社会学者を踏み越える一線

古市　ただ他の学問と比べると、社会学者に対する批判は多い気がするんです。たとえば経済学者から見ると、社会学者は何をやっているのかよくわからない。にもかかわらず、社会学者はけっこう、経済学が得意とする分野に対しても意見を言うじゃないですか。

仁平　経済に関する事象を、経済学以外のアプローチで分析することで、見える地平というのはあると思います。マックス・ウェーバーの資本主義論はその代表的なものだよね。

ただ何の学問であれ、正当な手続きを無視して発信すれば、批判されるのは仕方ないと思います。

そういう点から考えると、古市さんの本を読んでいて、僕が決定的に躓《つまず》いた本は『僕たちの前途』（講談社）でした。内容は面白いんですよ。でも人物が登場するたびに、血液型が付随するデータとして書かれているんだけど、なんですかあれ？

普通の社会学の研究なら、個人のサンプルに付随するデータは、その人の行為や態度に何らかの効果を与えているという前提で見るべき変数ですよね。まさかB型が社会起業家をつくるとでも？

古市　あれは、最もどうでもいい情報を載せたんです。

仁平　やっぱりそうだよね。社会的要因で個人を説明しようとする社会学的思考への批判というか、パロディなのかなとは思った。でもそうであるなら明示的に自己言及しないと、あの変数をどう受け止めていいかわからない。些細《ささい》なことではあるけれど、社会学者としての一線を踏み越えたように感じたんです。読者によっては、本質主義的な血液型の神話を再生産する読み方をしてしまうかもしれない。

古市　でも、多くの神話のなかで最も害のない神話ではないですか？　深刻な血液型差別で苦しんでいる人ってパッとは想像できないんですが……。

仁平　うーん、血液型占いでA型とB型は相性が悪いと書かれていたために、付き合っていた二人が別れるとか？（笑）

いずれにせよ「古市さん血液型ガチで信じてるの？」と思って、離れる読者が出てもおかしくない。だから逆に、そのリスクを冒してでも血液型を出すことで、古市さんは何を得たのかがすごく気になるんです。

古市　読者からは、「血液型が載っていて楽しかった」と言われました。

仁平　なるほど。理性以上に感情に働きかけ、読者に楽しいという読書体験を与えてるわけですね。おそらく、古市さんの議論というのは、語る内容以上に語る形式によって共同性を組み替えたり作ったりしていくタイプだと思うんです。つまり、古市さんのやんちゃな文体というのは、硬直した言説に辟易《へきえき》している人の共感を呼びやすい。

もちろん、既存の言説空間の住人からは反発があることもわかっている。わかったうえで、自覚的に文体を選んでいるのではないですか。

古市　語り口や文体が共同性を作っている部分はたしかにあると思います。修士論文をもとに『希望難民ご一行様』という本を出したのですが、その改稿作業中に、文体の重要性に気付きました。内容のレベルをあまり落とさずに、読者が取っつきやすくなるんじゃないかなって。論文は別として、一般書の場合は、社会学のパートもあるというぐらいの感覚で書いているんです。

仁平　だとすれば、これからの本では、社会学に準じているパートなのか、その基準にとらわれず評論家やエンターテイナーとして書いているパートなのかを明示することで、無用な批判を減らせるような気がします。

「社会学者」という肩書きを使うリスク

古市　でも、テレビのコメントだとそこまで厳密に切り分けるのが難しい気がします。たとえば、イルカの追い込み漁とかについて意見を求められるんですが……。

仁平　マスメディアでの古市さんの役割については、お世辞でなく尊敬してるんですよ。古市さんが発言者でいてくれてよかったと思うことも、たびたびあります。わずかな一言で、危うい方向に傾きかけている話のちゃぶ台をひっくり返してくれる。本質主義的な話もしないしね。（＊後日注：そう言ったそばからハーフ劣化発言とかマジでやめて！）

古市　イルカ漁に関していえば、「追い込み漁は日本の伝統です」とかは言いませんね。

仁平　そこは社会学のＤＮＡという感じですね。

まあテレビのコメントで、「いまのは社会学者の発言で、ここからは一般市民として」なんて言う時間はないでしょうから、社会学の方法的基準をなるべく踏み外さないようにコメントをしていけばいいんじゃないでしょうか。

古市　逆に聞いてみたいんですが、仁平さんは研究以外にも精力的にボランティア活動をしています。そのとき、学問と実践的な活動は、どのように切り分けられているんでしょうか。

仁平　社会的な活動には、学問的知見が使える部分と使えない部分があるじゃないですか。だからたとえば、ある自治体の福祉の活動計画づくりに協力するみたいなときには、いいものになるように、自分の持っている学問的な知識を使うということは当然あります。それは社会学にかぎらず、経済学者でも政治学者でも変わらない気がするけれど。

古市　そういう活動や運動のなかで、「社会学者」という肩書きを使ったほうがよかったら使いますか？

仁平　罠《わな》がありそうな質問ですね（笑）。

古市　罠はないですけど、みんなどう考えているのか気になるんです。小熊英二さんや上野千鶴子さんは、使うことを嫌がっていない。でも、いままでの仁平さんの話だと、社会学者の肩書きで発言するからには、社会学への信頼を失うリスクがあるわけですよね。

仁平　発信の仕方によっては、あるんじゃないでしょうか。だから特に社会学者として発言する場合は、「何々の調査によると」とか「何とかの理論によると」という形で、依拠する情報を示したり、論理的に妥当な範囲で主張するなど、自分の言葉に制約をかけながら話したいと思っています。僕もしょっちゅう脱線しちゃうけど。

文体がつくる共同性

古市　社会学的なルールや手続きに従っているかという問題とはまったく別に、「社会学」という言葉から何らかのイメージが作られて、それに合わないと批判されるということがあるんです。たとえば僕の場合、「社会学者の人って弱者に寄り添う人でしょ。なのに、常識外しみたいなことばかりやって、弱者の視点に立っていない」という批判をよく受けます。

仁平　たぶん、逆の批判もありますよね。社会学の人間が過剰に弱者に寄り添いすぎていいのかとか。

でもそれは面白い話で、社会学における価値との関係には、運動で頑張っている人に対して冷水を浴びせるようなイメージと、寄り添うようなイメージという対極のイメージがあるということですよね。

おそらく、どちらにも根拠があると思います。社会学では、社会内外の様々な集団の意味世界について、横断的に観察していくので、いわゆる常識と異なる観点を提示することになりやすい。一方で、市野川容孝《いちのかわやすたか》さんが明らかにしたように、そもそも社会学の「社会」という概念自体に、平等へのコミットという意味もある。
　だから、古市さんが受けたような批判も、ある程度は引き受けるしかないと思います。
　ただ、古市さんがそこまで批判を受けるのは、たとえば社会運動やデモに冷水を浴びせすぎという側面もあるんじゃないですか。

古市　たしかに以前は、運動だけ、デモだけで終わっていいのかという違和感が強くありました。でも最近は、少し考えが変わってきたんです。たとえば官邸前デモのときに、官僚の人が「毎週デモが来てるんですよね」とショックを受けていることがわかった。だから、直接行動って影響を与えることもあるんだと気付かされました。

仁平　最近、直接行動の力をふるっているのは、左派以上に右派じゃないかな。たとえば従軍慰安婦のセミナーを開く公民館に苦情の電話をガンガン入れたり示威《じい》行動をする。その結果、次々に中止に追い込まれる。
　あるいは、在特会のような活動は、右のウイングを広げるんですね。そうすると、それまで最右翼だった運動や活動が、穏当な右や中央ぐらいになってしまう。これもある種のデモの効果です。

古市　とはいえ、右派であれ左派であれ、明らかに効果が薄い、ダサい活動や運動もあるじゃないですか。

仁平　そのダサさって、ＳＦＣを出て、東京ガールズコレクションでウェイウェイする古市さんから見たダサさということでしょ。

でも関係論的に見れば、絶対的なダサさというものが存在するわけじゃない。社会学者なら、そのスタイルの意味や合理性について、内部から観察してほしいです。古市さんは賢いので、相手を相対化するために、自分の準拠集団の位置を理解したうえで、あえてそこに立った発言を効果的にしてしまう。それが、抑圧的に機能しちゃうところがあるのでは。

古市　ただ、ダサいって、属性というよりも状態じゃないですか。だから、いろいろ変えられると思うんです。

仁平　そう思うなら、九条の運動とかをオサレにプロデュースしてみてよ。でも、たとえ状態であっても、そのダサい活動がどんな文脈によって出てきたのか、他にどういう可能な条件があるなかで、それが選び取られたのかということを見てからじゃないと、簡単には言えない。

古市　たしかにそうですね。

仁平　そうなると、古市さんがこれまで斬《き》ってきたものの多くは、斬らなくてもよかったのかもしれない。社会学者に求められる相対性の感覚って、「デモって気持ち悪い」と言っている人に対して、「こういう文脈で見るとそうでもないでしょう」というリアリティを突き付けていくようなものだと思うんです。

古市　僕の場合、同じことを逆からやろうとしたんです。たとえば「起業家って金儲《かねもう》けでしょ」という人に対して、「いやでも、社会起業家もいて」というふうに。

仁平　それは大事ですよね。だけど、やっぱり古市さんの文体がつくる共同性があるんですよ。つまり、自分に居心地のいい共同性と文体が手を結びすぎているために、それとは異なる方向で常識外しをしようとすると、文体が過剰に鋭くなってしまう。

だから、その鋭さをいったん自分の共同体にあえて向けることによって、古市さんの言葉はもっと多くの人に開かれたものになるだろうし、その意味で、より公共性に開かれた文体になっていくように思うんです。それこそが古市さんが社会学者として、評論家ではないかたちの仕事の幅を広げていくことになるような気がします。

ボランティア研究を始めた動機

古市　たしかに仁平さんの場合、『「ボランティア」の誕生と終焉』を読んでも、とてもバランスが取れているように感じました。一つの立場に与するんじゃなくて、距離を取って書いていますよね。

仁平　複数の対象を調べていくと、それぞれ合理性があるわけですよね。それを熟知したうえで、上野千鶴子さんのように、一つの立場にコミットする選択もあると思いますが、僕自身の今回の研究は、ボランティアにコミットするより、それを取り巻く過剰な情念自体を分析したかったこともあって、複数の合理性をそのまま記述するという形になっています。それが結果的に、バランスが取れているように見えるのかもしれません。

古市　でも、コミットする対象ではないといいながら、相当長い年月を費やして、自身でも様々なボランティアをしながら研究を続けたわけじゃないですか。そのモチベーションはどこから来ているんですか？

仁平　うーん、僕ももともとは、運動とか社会変革とかが苦手だったんですよね。大学生のときは、ディスコ（笑）を借り切ってイベントするサークルで活動したり、田舎出身者の東京過剰適応のような日々でした。

古市　へえ！　仁平さんにもそんな時代が！

仁平　そんな自分にとって、青春を賭《と》してボランティアをやっている人って、一番理解不可能な存在で、見ているとモヤモヤしちゃうわけですよ。

しかも僕が大学生だった一九九五年は、ボランティア元年と言われて、ボランティアというものが社会的に期待されている。でも、その流れに乗るには違和感がある。

いったいボランティアとは何なのか。それを考えることが、現代社会を捉える切り口になるかもしれない。だから、社会を変えたいという欲望というより、自分のモヤモヤを通して社会を記述したいという、シャーマン的な欲望から始まった研究なんですよね。

古市　もともとシャーマン的な欲望は強かったんですか？

仁平　僕は、大澤真幸さんや宮台真司さんに憧れて社会学の勉強を始めたクチなので、当然、大きなことを語りたいという欲望はありますよ。

でも大きな命題があったとしても、日本の社会のなかでそれが妥当する部分もあれば、妥当しない部分もあるので、細かく見れば見るほど、大きな話はしにくくなっていきますよね。

逆に言うと、しょぼい分析を埋め合わせるかのように、大きな枠組みを当てはめてしまうと、つまらない研究になってしまう。ですから、大きな話をするのであれば、それに見合うだけの研究の量や深さが必要だと思うんですが、僕はまだそれができていないから、大きな話はしないというヘタレです。

古市　いまの社会学の研究って、すごく細分化されているじゃないですか。それを考えると、シャーマンになるのは難しいように思うんですが。

仁平　超一流のシャーマンは必要だけど、二流のシャーマンほど残念な存在はないですよね。それなら中範囲の専門家のほうがずっと有益だ。

ただ、かつての社会学は、シャーマンへの欲望があったからこそ、個々の研究でも面白いものが生まれたという側面はある。でも、僕も含めて最近の若手は、少しでも業績を出さなきゃいけない研究環境に置かれているので、どうしても短期間で解き明かせる問いに自分を委《ゆだ》ねがちです。それによって失われるものもけっこうあるような気がします。

若手研究者の生きる道

古市　仁平さんぐらいの世代から、計量的なスキルをきちんと身につけて、博士号を取る社会学者が増えていますよね。これは研究環境の変化に理由があるんですか。

仁平　そうですね。グランドセオリーが衰退したことによって、具体的な事柄を対象とする経験的研究が増えていくと、当然、調査や分析のスキルの重要性は増していきます。

それから、社会学業界としても、計量的なスキルを身につけた社会調査士のような人材を育成することで、社会的意義を訴えやすいということもあるでしょうね。

あと、大学が生き残り競争に入り、地域での社会貢献が大学に求められるようになったこともある。そのときに地域で調査や活動ができる人への需要って結構あるんですよ。そのような外部環境の変化が、方法論のスキル向上を求めるようになってきた面もあると思います。

古市　博士号を取る意味も変わってきていませんか？

仁平　変わってきてます。昔は大御所の先生が一生かけて書くのが文系の博士論文のイメージでしたが、現在は就職するための免許証みたいな位置づけになっています。国の大学院拡充政策のために、研究職のポストに比べて、大学院生が増えてしまったことが大きな原因でしょうね。

僕が大学院に入るころはまだのどかで、先輩から、査読論文一本と、あとは大学紀要とかに適当に書いておけば就職できると言われました。全然ウソでしたけど（笑）。特に僕みたいに凡庸な人間は、とにかく論文を書いて博士号を取らないと就職できないというプレッシャーがあった。

古市　凡庸じゃない人は？

仁平　凡庸かどうかは別にして、僕ぐらいの世代から、就職が厳しいために、メディアに早めに出て売り出すという戦略に出る人もけっこう増えました。さらにその下の古市さんや開沼博さんは、僕らの世代よりもさらに発信力が高まっていると思うけど、同じような構造からメディアに出ているんじゃないですか。

古市　僕の場合は、研究者一本で生きていく道は一度も考えたことがないんです。これだけ子どもが減っていくことが明らかな時代に、どこかの大学に入って一生教員を続けるというキャリアにはリアリティが持てなかった。自分の好きな研究を続けるために、いまのようなスタイルを自覚的に選んできました。

仁平　市場が小さくなってきた状況で、合理的な選択をしているということですね。

古市　そうですね。大学に所属して一生を終えるルートというのは、それこそ専業主婦や正社員と同じように、特殊な時代だからありえたものだと思うんです。社会学を勉強した人間からすると、そこに乗っかればいいとは素直に信じられません。

だから、いま大学で職を得ている仁平さんのような人は素直にすごいと思うんですが、聞いていると学務や会議で大変そうじゃないですか。

仁平　どの大学も同じですが、たしかに大変です（笑）。あと子育てな。

古市　そのなかで、仁平さんは論文もたくさん書いていて、すごくパフォーマンスが高いように見えます。でも一方で、時間が潤沢にあるだろう大学院時代にさえも、ほとんど論文を書かない人もけっこう見かけて、そんなんでいいのかなぁと違和感を抱くんですけど。

仁平　研究の内容にもよりますよ。理論志向が強いと、じっくり考える時間が必要だから、そう簡単に量産できない。

逆に、次々と調査を行って、多くの成果を発信する人もいる。どちらがいいという話ではないけど、大きな理論を書こうというような人は、簡単には書けないよね。

古市　仁平さんもいつかはグランドセオリーを構築したいですか。

仁平　それは僕には荷が重すぎますが、社会の一般理論を目指すのが無意味だと簡単には言いたくないです。その構築の試みと、それを否定するものすごい格闘のなかで、社会学の理論が進歩してきた面はあるので。

その一方で、これだけの時局に、研究者向けの論文や本だけ書いていていいのか、という思いもあります。社会学の知見や基準を踏まえつつ、より積極的に社会に介入していく。そのための方法論については、古市さんの経験から学ぶべきことは多いと思います。

宮台真司先生に「社会学の衰退」を聞く！

宮台真司（みやだい・しんじ）
1959年宮城県生まれ。社会学者。東京大学大学院社会学研究科博士課程修了（社会学博士）。現在、首都大学東京教授。著書に『制服少女たちの選択』『まぼろしの郊外』『援交から天皇へ』（以上、朝日文庫）、『終わりなき日常を生きろ』『14歳からの社会学』『宮台教授の就活原論』（以上、ちくま文庫）、『日本の難点』（幻冬舎新書）、共著に『増補 サブカルチャー神話解体』『挑発する知』（以上、ちくま文庫）、『愚民社会』（太田出版）など多数。

宮台真司さんについて

長い間、日本で「社会学」に興味を持つということは、「宮台真司」を読むことを意味していた。僕の世代でもそうだった。社会学やその周辺領域に興味を持つ学生たちは、必ず宮台さんの本を読んでいたし、少なからず尊敬の気持ちを抱いていた。

宮台真司さんの初の著書は、学位論文ともなる『権力の予期理論』(勁草書房)。彼が三〇歳のときだった。まだ社会学で博士号を取得するのが難しかった時代、宮台さんは理論社会学の俊才として将来を期待されていた。

しかし宮台さんは「普通」の学者にはならなかった。宮台さんは理論社会学で博士号を取ったにもかかわらず、熱心なフィールドワーカーとして名を馳《は》せることになったのだ。

しかもただのフィールドワーカーではなかった。彼のフィールドは性愛であり、街場だった。後に本人は「30歳代の私は金髪にブルーコンタクトで女の子を引っ掛けまくり、人から『ナンパ・サイボーグ』と呼ばれたりしました」と振り返っている。

もちろん、ナンパだけをしていたわけではない。彼は、援助交際、地下鉄サリン事件、神戸連続児童殺傷事件など、九〇年代を賑わした事件に積極的に発言をする、社会にもの申す社会学者になっていった。

その後の宮台さんには何度かの変節がある。「天皇」や「アジア主義」について熱心に語った時期、子どもや若者向けへの啓蒙を積極的に行っていた時期、そして東日本大震災や原発事故に対してコミットした時期。

このように彼は、時代と共に何度も自分の興味関心や表現方法を変えてきた。しかし宮台さんという存在の根っこはとても「九〇年代的」であると思う。バブル崩壊後も続いていた喧噪と、世紀末に由来する閉塞感がない交ぜになったあの時代は、宮台節との相性が非常によかった。

評論家の中森明夫さんは『制服少女たちの選択』の文庫版に寄せた解説で、「時代のまっただなかで、こんな明晰な論を提示しえたのは宮台真司ひとりだった」と評している。『制服少女たちの選択』の出版は一九九四年。それにもかかわらず、中森さんの言うとおり、同書を読めば「九〇年代とは、いかなる時代であったか?」を明瞭に把握することができる(ちなみに「宮台真司とは、いかなる人物であったか?」を知るには、この中森さんの解説を読むのがいい)。

小室哲哉さんと対談したときに「九〇年代の続きを聞かせてほしい」と頼んだことがある。同じように、宮台さんに「九〇年代の続き」を描くような本格的な作品を待っている読者は多いはずだ。僕たちは宮台さんに「九〇年代」を投影しすぎているのだろうか?

反啓蒙主義としての社会学

古市　この本では、毎回「そもそも社会学って何ですか？」という質問から始めています。

　宮台さんにも同じ質問からスタートさせてください。「社会学って何ですか？」と尋ねられたら、どう答えますか。

宮台　いちばん短く答えれば、「僕たちのコミュニケーションを浸《ひた》している、非自然的な——自然的ではない——前提の、総体を研究する学問」ということになります。

　太陽は東から昇るとか、重力が存在するといった「自然的な前提」は社会学の対象にはなりません。社会学の対象になるのは、国籍でも権力でも何でもいい

宮台真司
×
古市憲寿

「社会学の衰退」
について
聞いてみました

んですが、あくまで自然的ではない事象です。

古市　もう少し長い答えもあるわけですか。

宮台　あります。一八世紀末にフランス革命が起こってから、そのあと約一三〇年間にわたって、「啓蒙思想」は意図せざる帰結が展開します。端的に言えば、一八世紀の「啓蒙思想」の時代が終わると、「反啓蒙思想」の時代がやってくるんですね。

最初に出てくるのがエドマンド・バークの「保守主義」で、次に出てくるのが、バクーニンとクロポトキンの「無政府主義」、次がマルクス・エンゲルスの「共産主義」、そしていちばん最後がデュルケム流の「社会学主義」になり――というような解き起こしから始まるのが長いほうの説明です（笑）。

古市　社会学は、反啓蒙思想の歴史に位置づけられるということですか。

宮台　そうです。だから社会学的な思考は、「理性的な人間が抑圧のない状況で合意すれば、正しい社会ができる」という啓蒙主義的な発想を徹底的に否定するんです。

これは、保守主義や無政府主義とも共有する前提です。保守主義は、人間の理性には容量の限界があるから、ある程度複雑な社会になると全体の設計ができないと考える。無政府主義は、国家を否定する中間集団主義で、共同体のユニットが小さくないとハンドリングできないと考える。
　社会学は国家を否定しない中間集団主義ですから、国家に対するスタンスは無政府主義と違うけれど、中間集団主義であるという点では同じですね。ただ、マルクス主義だけは異質で、ほとんどいかなる前提も社会学と共有していません。
古市　でも、日本の社会学者って、マルクス主義の影響を受けた人も多いですよね。
宮台　多いと思います。だから、僕のように「マルクス主義者はバカだ」みたいに言う大学院生は、すごく角が立ちました（笑）。

レヴィ＝ストロースが共通の古典だった

古市　上野千鶴子さんに話を聞いたときには、上野さんぐらいの世代には、マルクス主義や構造機能主義など、倒すべきグランドセオリーが明確にあったとおっしゃっていました。上野さんより一世代下の宮台さんが大学院生のころも、その感覚は共有されていましたか。
宮台　共有しているけれど、多少、スタンスが違います。上野さんたちが大学院生のころは、マルクス主義への共感はあった。でも、その限界が見えてきて、マルクス主義を乗り越えなければいけないというふうに問題意識が変化したと思います。

でも、僕や大澤真幸さんの世代だと、大学院生になるのは一九八〇年代ですから、マルクス主義をどう解毒するかという課題は、もう前提としてシェアされていました。

古市　マルクス主義を解毒するために、当時の社会学の院生が、共通して読むべき本や思想家は何だったんですか。

宮台　なんといっても、レヴィ＝ストロースの構造主義ですね。当時の東大社会学では、橋爪大三郎さんが構造主義に深くコミットしていたので、その影響も大きかった。なかんずく『親族の基本構造』は、いちばん読まれていた古典です。

古市　レヴィ＝ストロースは文化人類学者ですが、なぜ当時の社会学はレヴィ＝ストロースに惹かれたんでしょうか。

宮台　戦後から一九六〇年代までの人文社会学系の思考の特徴は、「誰も知らないもの」に注目するということです。たとえば、僕たちの理性が、理性以前の構造によって規定されているということは、まさに「誰も知らないもの」ですね。

その典型がレヴィ＝ストロースの構造主義です。レヴィ＝ストロースの『親族の基本構造』は、多種多様に見える親族のルールも、数学の群論を用いて記述すると、たった一つの構図のバリエーションとして導出できることを示した。要するに、恣意的だと思われていた文化が、じつは僕たちの意識を超えた構造によって方向づけられていることを解き明かしたわけです。

言語哲学者のノーム・チョムスキーが一九五〇年に考案した変形生成文法も、同じような発想です。これは、僕たちの頭の中には、普遍文法という装置が内蔵されていて、それが、いろんなバリエーションを生み出すという理論ですね。精神分析の方面では、ジャック・ラカンが、「無意識は言語によって構造化される」と言った。

僕たちの理性の外側に、理性を方向づける、ありそうもないプラットフォームがある。僕の同世代から橋爪大三郎さんの世代あたりまで、社会学者の多くがこういう発想に魅力を感じていたんです。

古市　その魅力の源泉は、理論が新鮮だったからですか。それとも、その理論が世の中を全部説明してくれるという普遍性に魅力を感じたんでしょうか。

宮台　両方です。新鮮だったこともあるし、僕たちの理性が何かを構築するという啓蒙主義的な発想の外側に、一般理論をつくれるんじゃないかという感覚もありました。

一般理論をつくろうとした最後の世代

古市　それを学んだ宮台さんは、新しい一般理論をつくろうとした?

宮台　そうです。でも、世代の流れでいえば、僕や大澤真幸さんは遅れているんだよね。僕が博士論文『権力の予期理論』を一九八九年に出版したときに、「今ごろこんなものが出てくるのか」と、年長世代の多くは驚いていた。八〇年代末という段階で、まだ一般理論にこれほどこだわっている大学院生がいることが、たぶん年長の人たちにとっては意外だったんでしょうね。

古市　八〇年代末でも、一般理論の研究は「今ごろ」という感じだったんですね。

宮台　そうですよ。僕らの世代で一般理論をつくろうなんて考えたのは、僕や大澤さんぐらいだし、おそらく最後の世代でしょう。その後の世代では、そういう人間は一人もいないんです。

古市　宮台さんもよく寄稿していた、社会学の学術雑誌『ソシオロゴス』(ソシオロゴス編集委員会)のバックナンバーが、たまたま駒場の院生室に置いてあったんです。八〇年代のものですが、一読して、ものすごい熱気を感じました。院生たちが切磋琢磨《せっさたくま》して、熱い思いでこの文章を書いていることが強烈に伝わってくる。宮台さんは、何に駆《か》られて一般理論をつくろうとしたんでしょうか。

宮台　まず一般的な話として、人文社会系だけでなく、映画や演劇といった表現一般に関わる熱気や生産性は、一九六〇年代、七〇年代を通じて非常に高かったと思うんですね。その背景には二つの挫折があります。

一つは、豊かになったがゆえの挫折。豊かになって中産階級が膨《ふく》れ上がれば、みんな幸せになるだろうと思っていたのに、期待通りにはならなかった。「こんなはずじゃなかった」という期待外れに打ちのめされる感覚があったわけです。

さらに、一九六〇年代後半に起きた学園紛争が、六九年の段階で挫折する。学園紛争も、「ここではない、どこか」が憧憬《どうけい》されるわけだけど、これも期待外れだったという気分が蔓《まん》延《えん》していきます。これが第二の挫折です。

しかし、六〇年代、七〇年代は、挫折する程度には、幸せになることやオルタナティブに生きることに対する期待が強かった。その強い意思や欲望が、表現や学問的な営みとして表れていたんだろうと感じます。

それが八〇年代になると、もう一挙に薄れていくんです。僕は六〇年代、七〇年代の過剰な欲求を引きずっていて、その矛先が一般理論にコミットすることだったんでしょうね。

一般理論の構築から方向転換した理由

古市　でも、その後の宮台さんは、一般理論の構築ではなく、むしろフィールドワークに没入していったというふうに見えるんですが。

宮台　『権力の予期理論』のような数理的な議論だと、まともにディスカッションできる相手がなかなかいなかったんです。あの論文は、権力を肯定するものだから、マルクス主義の学者は、「本が出たら絶対ぶっ潰《つぶ》す」と言っていた。でも、出版したら、そういう人たちからは何一つ反論や批判は出ない。それ以外に出てくる反応というのは、細かいゲーム理論の展開を突くような理論オタク的なものばかり。

古市　宮台さんは何も、数理オタクとして博士論文を書いたわけじゃないんですよね。

宮台　そうですよ。数理的なロジックは、言葉と同じように、仕方がないからそれを使っているという意識があったんですが、芯《しん》を外した反応しか戻ってこなかった。それでは生産的でないので、この路線はとりあえず保留して、もう一つのサブカルチャー研究をやろうと。

古市　日本の社会学はレベルが低いと思ったんですね。

宮台　日本だけじゃありません。アングロサクソンだって、社会学の信頼はとうに落ちている状況で、社会学者は単なるマーケット・リサーチャーと変わらなくなっていましたから。

古市　そういう状況に苛立《いらだ》ちを感じていた？

宮台　感じてましたね。個々の研究者に対してというよりも、先ほど言ったように表現全般が失速していく感じが、八〇年代、九〇年代にあった。僕がフィールドワークに乗り出す、あるいはその前の段階でナンパに乗り出すのも、そういう表現の失速にあらがう意識が強くあったからです。「哲学や社会学を語れたって、何も社会のことを知らねえじゃん」ってね。

古市　社会学だけじゃなくて、人文社会系の学問全般がダメになっていく感覚があったということですか。

宮台　その通りです。たとえば僕らの世代は、論壇雑誌をずっと読んでいた。なぜなら一九七〇年代までは、政治学でも法学でも経済学でも、アカデミズムの最先端にいる人間が論壇誌に寄稿をしていて、クオリティが非常に高かったからです。

しかし八〇年代に入ると、ものすごい勢いで質が落ちる。論壇も社会学も、同じように頽《たい》落《らく》を迎えるわけです。

社会学を成立させる土台が崩れてきている

古市　現在の社会学は、八〇年代、九〇年代と比べても、さらに細分化した分野を対象に研究する人が増えているような気がします。そのような状況をどうご覧になっていますか。

宮台　ゆゆしきことだと思うけど、言ってもどうしようもないですからね。死ぬまでやってりゃいいじゃんと。ただ、考えるべき課題の優先順位に対して、日本の社会学は明らかに鈍感です。

たとえば「シンギュラリティ問題」と言われているものがあります。シンギュラリティ（技術的特異点）とは、人工知能が人間を超える日のことです。ムーアの法則をもとに計算をしていくと、二〇四五年にはシンギュラリティが訪れるという予測がある。

このシンギュラリティ問題が指し示しているのは、正義や差別などを議論する土俵になっている「人間とは何か」という合意が一挙に揺らぐということです。そうしたときに、「同じ日本人なのに公正な扱いをされていない」といった問題設定は、霧散《むさん》してしまうかもしれない。

だとしたら、公正・公平を問題にする意欲がある社会学者は、そのことに関連するもっと重大な問題が起こると予測されているときに、反応しなければいけない。社会学以外の分野に目をやれば、いろんな人間たちが反応しているんですよ。

古市　なぜ、社会学の反応は鈍いんでしょうね。

宮台　社会学というのは、国民国家の中産階級が持つ自意識を土台としているところがあります。しかし、九〇年代に冷戦が終わって、グローバル資本主義が進むと、どの先進国でも国内の格差は拡大し、中間層が分解する。中間層が分解すれば、国民国家としての連帯意識も消えて、民主制自体が回らなくなる。もはや、国民国家と資本主義と民主主義が両立しなくなってきたわけです。

古市　社会学を成り立たせていた土台が崩れているんですね。

宮台　そうです。それ以前は、政治学はしばらく社会学に押されていたけれども、国民国家の前提が崩れた二〇〇〇年代になると、逆に政治学のほうが息を吹き返す。つまり、政治学のほうが社会学より有効な問題設定ができるようになるわけです。

古市　これから社会学はどうしたらいいんですか。

宮台　「社会学」という看板にこだわるのであれば、「全体性」を見ないといけません。まずは、どうして政治学が隆盛になり、社会学が沈滞するのかということを自己分析することが必要でしょう。それができなければ、社会学が存続する意味はない。

古市　宮台さん自身は、いまでも社会学者として社会学をしている意識は強いですか。それとも、もう別の土俵に乗っているという認識なんでしょうか。

宮台　僕は、伝統的な社会学の流れの上にあると意識しています。冒頭でいったように、僕たちを浸している非自明的なコミュニケーションの前提を明らかにしたい。そういう志向性は、むしろどんどん強くなってきています。

社会学ほど「知恵を与えてくれない」ものはない

古市　最近、面白いと思った社会学の研究はありますか。

宮台　ないです（笑）。政治学のほうがずっと面白い。

古市　これから社会学を学ぼうとしている人には、何かアドバイスはありますか。

宮台　いまの学生と接していて思うのは、年長の世代に比べても、いろんな経験値が低いことです。これだけグローバル化とか言われているのに、海外への留学生は減っている。性愛経験も貧しくなっている。意識高い系の起業ブームみたいなのはあるけれども、同じ穴のむじなで戯《たわむ》れる感じしかしない。

八〇年代後半くらいだと、沢木耕太郎の『深夜特急』などを読んで、東南アジアとか南アジアに行くバックパッカーがたくさんいました。当時の『地球の歩き方』は、ほとんど滞在手記のアーカイブズで、「カオサンロードに行くな」とか、「ひどい目に遭った」とか書いてある。そうすると、みんな行くんですよ（笑）。

でも、いまの『地球の歩き方』には、そういう手記はほとんどありません。なぜ僕たちの時代はバックパッカーが多かったのかというと、みんな嫌な目に遭いに行きたかったんです。これは僕がフィールドワークしているときもそうです。

古市　嫌な目にわざわざ遭いに行くんですか？

宮台　「俺はクソみたいな、どうしようもない存在だ」ということを突きつけられに行く感じでした。ないものねだりかもしれないけど、いまはそういう学生がなかなかいない。

やっぱり先進各国で社会が回らなくなると、旅行をするのも、恋愛をするのも、企業を選ぶのも、安全牌《あんぜんぱい》狙いになってしまうんです。

古市　そういう安牌《あんぱい》狙いの人に社会学は役に立ちますか。

宮台　何の役にも立たないよ。社会学ほど、僕たちに知恵を与えてくれないものはないから。

古市　社会学は知恵を与えてくれない？

宮台　社会学から出てくる知恵のほとんどは、敏感な人間ならとうに知っていることばかりでしょ。面倒くさい調査によって、実証なんかしてもらうまでもないんですよ（笑）。

古市　たしかに……。

宮台　アメリカの社会学者、ロバート・キング・マートンが、ソーシャル・リサーチの目的について明確な規定をしています。まず、みんなが知っていることを確かめに行くのは、最悪のリサーチだと。

そうではなくて、データを検分していると、必ず調査者が解釈できない偏差が出てくる。ましてやみんなの常識では解釈できない。そういう常識、あるいは自分がもともと持っていた図式では解釈できないデータの偏差を見つけて、その偏差を説明するための仮説を考える。そのために調査をすることだけが許されるというんですね。

その場合、仮説はいままで誰も知らなかったことだから、実証するのは意味がある。その新しい仮説を実証するために調査をしてみたら、また別の偏差が見つかる。そうしたら、それを説明するために、また新しい仮説を組み立てる。こういうふうにして前に進んでいくのが、マートンの規定するソーシャル・リサーチの基本です。

だから、アカデミックポストを獲得するために、いかにも実証できそうな仮説をソーシャル・リサーチで実証して、モノグラフ書いて一丁あがりみたいなのは、マートンからいえば「クソヤロー」なんだよね（笑）。

古市　そういう研究多いですよね。

宮台　というか、そういう研究しかないでしょ。みんなが知っていることを主張して、「エビデンスがあった」と言うだけ。

古市　たしかに理論なんかなくて、簡単なフィールドワークか統計調査だけで「エビデンス」と言う研究は多いですね。しかもそれでわかるのが「今日の気温は20℃でした」というくらい、みんなが何となく知っていることだったり。じゃあ社会学が役に立たないなら、安牌を狙う学生は、社会学以外の学問へ行ったほうがいいと思いますか。

宮台　つまらないソーシャル・リサーチを学ぶぐらいなら、別のことを勉強したほうがいいですよ。

でもね、大学院生たちに、マートンのような古典を読ませると、「すげえ！」ってけっこうみんな衝撃を受けるんです。そういう意味では、社会科学の古典を読むことは、昔よりも大事になってきています。劣化する以前の学問の姿を知るということだから。

社会学は半年で習得できる

古市 エビデンスだけでは十分でないのはわかるんですが、逆に何をしたら社会学になるんでしょう。

宮台 社会学って、前提をさかのぼる学問、自明性を疑う学問です。これはデュルケムの『社会分業論』にも書いてあることだけども、僕たちはついつい、いまの秩序が自明で、それに逸脱する犯罪とか自殺があると、「異常事態が起こった」と考えがちです。でも、実際はそうではなくて、カオスの海の中に奇跡的にある秩序が存在する、と考えるのが妥当なんですね。つまりカオスの状態がむしろ普通なんです。

社会学者が失うべきではないのは、近代が成熟する以前にはなんとか継承されていた、こういう感受性ですね。

古市 その感受性をもとに、アウトプットをどんな形で出せばいいんですか。それこそ、データやサンプルを出さないと、学問的じゃないという批判が来るわけじゃないですか。

宮台　少し遠回りして話すと、昔の学生といまの学生だと、学びのスピードが違うんです。昔の学生が一日でやったことを、いまの学生は一週間かけてやる。スピードがすごく遅いんです。

僕の師匠である小室直樹先生は、頭のいいド素人が真剣に学べば、経済学の習得まで二年、物理学・数学は四年、社会学は半年、人類学・民俗学は一カ月から三カ月だとおっしゃった（笑）。社会学の理論なんて、半年で読めるんです。

実際、僕らの世代は、小室直樹先生や橋爪大三郎さんを見ながら、速く、そして激しく学んでいったんです。

速く激しく学べば、社会学だけじゃなく、経済学、哲学、倫理学、政治学と、いろんな理論が吸収できる。それだけのバックグラウンドがあれば、どんな研究をしたって必ず伝わるんですよ。「こいつはよくわかったうえで研究している」ってね。

古市　若い学生の学ぶスピードが落ちてきたのはなぜでしょうか。

宮台　先輩から後輩へという伝承線が切れてしまったからです。何をどういうふうに学ぶのが妥当なのかという物差しが継承されていない。知識以上に、学び方を伝えることに僕たちは失敗してきてしまったんです。

ハッタリの効用

古市 宮台さんは、現在も一般理論をつくりたいという欲望を持っていますか。

宮台 難しい質問ですね。僕にとって、それは半分受け手の問題だから。

古市 仮に一般理論をつくったとしても、まともなオーディエンスがいなかったら意味がない?

宮台 そう。それよりも、いま話したような「伝承線の肝《きも》は何なのか」を伝えていくほうが、生産性の継続につながるように思うんです。

古市 大先輩の社会学者として、ここで何かを伝承してください。

宮台 古市さんの「嫌がらせキャラ」は、いいと思うんですよ。最近は、物わかりいいやつばかりでしょう?

古市 嫌がらせキャラですか(笑)。

宮台 嫌がらせは大事ですよ。注目を浴びるだけじゃなくて「こいつ、何言ってんの?」と誰かに思われる。そうしたら、「お前、俺の言いたいことが全然わかってないの？」「俺が言いたいことはこういうことなんだよ」と自分が言えるから。

僕もそうでした。援助交際をしている女子高生を「Good, good!」と言って、「何言ってるの？　こいつ頭おかしいんじゃねえの？」とさんざん言われた。そういう反発を引き出せば、そこから自分の意見を展開できる。

古市　たしかに、最近はいいことだけを言う人が多いですよね。シニカルな人が論壇にあまりいない気がします。

宮台　いいことだけ言ってると、結局使い回されて終わるんだよ。古市さんは、嫌がらせキャラで行くべきです。

古市　でも、宮台さんのような理論的な厚みは全然ありません。

宮台　僕はよく言うんだけど、「ふり」でいいんです。ふりができるぐらいの付け焼き刃をセットアップする。それを一生懸命やっているうちに、気がつくと、ちゃんと分厚くなるから。

古市　宮台さんも、初めは「ふり」でしたか？

宮台　そうですよ。大学三年、四年で初めて橋爪さんの研究会に参加したときなんて、発言の一割もわからない。それで、橋爪さんに尋ねたんです。「もう全然わからないんですけど、どうしたらいいいんですか」って。

橋爪さんの返事は、「二つあります。一つは、我慢して出続ける。もう一つは、わかったふりをする」（笑）。

古市　すごくいい話ですね。

宮台　いい話でしょう？　わかったふりをすると、絶対突っ込まれる。そうすると、「今度から絶対突っ込まれないぞ」と学び直すわけです。

だから、「何もわかっていないのに、偉そうに言うんじゃねえよ」と言われるぐらいでいいんです。真剣にハッタリを続けていけば、そのうちハッタリじゃなくなっていきますから。

大澤真幸先生に「社会学のチャレンジ」を聞く！

大澤真幸（おおさわ・まさち）
1958年長野県生まれ。社会学者。東京大学大学院社会学研究科博士課程修了。社会学博士。千葉大学助教授、京都大学教授などを経て現在、思想誌『THINKING「O」』主宰。2007年『ナショナリズムの由来』（講談社）で毎日出版文化賞、2015年『自由という牢獄』（岩波書店）で河合隼雄学芸賞を受賞。著書は他に『〈世界史〉の哲学』（講談社）、『不可能性の時代』（岩波新書）など多数。共著に『ふしぎなキリスト教』『おどろきの中国』（以上、講談社現代新書）など。

大澤真幸さんについて

大澤真幸さんと話していると、星の王子様を思い出す。小惑星からやってきた王子様のように、純粋な目でこの星のことを観察しているように見えるからだ。

大澤さんは、宮台真司さん（こちらは、とても星の王子様とは言えない）と同世代に属する。宮台さんとほぼ同時期に「行為の代数学」で社会学の博士号を取得している。東京大学社会学研究科として、日本人第一号の課程博士だという。

理論社会学の俊英として期待された二人の道はまるで違うものになった。フィールドワーカーとして名を馳せた宮台さんに対して、大澤さんは社会学理論の探求を進めてきた。そのような印象を持っている人は少なくないと思う。

しかし著作を振り返ってみると、大澤さんが、同時代の出来事に対して、並々ならぬ関心を持っていたことがわかる。というか、この「社会」に生きる「社会学者」として、大澤さんは、強い責任感と共に著作を発表してきた。

その最たる例が、地下鉄サリン事件の起こった翌年に発表された『虚構の時代の果て』だ。同書ではサリン事件を、一集団の暴力的な蛮行と切り捨てるのではなく、資本主義や戦後日本という大きな文脈の中に位置付けようとしている。オウム真理教が登場した要因を僕たちが生きる「社会」に求め、その「社会」を探求しようとしたという意味で、まさに「社会学者」が書くべき本だったと言えるだろう。

その後も大澤さんは、『文明の内なる衝突』（河出文庫）や『不可能性の時代』『夢よりも深い覚醒へ』（岩波新書）など、アメリカ同時多発テロや東日本大震災といった、社会を揺るがした出来事に呼応する作品を多数発表してきた。

大澤さんに「フィールドワーカー」のイメージを持つ人は少ないと思うが、じつは丹念なインタビューや対話を重ねて作られた本が少なくない。また映画やマンガ、小説など、同時代の文化を大量に読み込み、それを自分の論に組み入れていることも特徴だ。

その意味で、大澤社会学は、「社会」との対話によって練り上げられてきたと言ってもいいだろう。大澤さんが追い求めているのは、決して机上の空論などではないのだ。

かつて見田宗介さんのゼミ合宿で行われたトランプゲーム「大貧民」で、学生時代の大澤さんはほぼ一人勝ちをしていたという。そのうえで、ゲームの論理と構造を解き明かし、勝利の方法論を提示してしまった。この一件を回想しながら、見田さんは、「すぐれた理論というものが実践的にも有効」であることを実証してみせたと評している。

大澤さんはこの「社会」と共に、これからどのような「社会学」を築いていくのだろうか。

「社会学のチャレンジ」について聞いてみました

大澤真幸×古市憲寿

人は誰もがフォーク・ソシオロジスト

古市　大澤さんは、「社会学って何ですか」と尋ねられたら、どう答えますか。

大澤　社会学を定義するのは空しいものがあって、畳の上の水練みたいな感じになるわけですよ。で、うんと抽象的に定義すれば、社会学は「社会の自己意識」です。社会が自分自身を意識するときに、自分が何者かということを考える。

　そうすると、どんな人間の社会にだって何らかの自己意識はあるから、プリミティブな社会学というものもあります。ただ、社会の中にありながら、そこに生きる人々が社会を十全に対象化したり、客観化したりするようになるのは、一九世紀の中ごろ近くからです。そういう狭義の意味では、「近代社会の自己意識」

が社会学なんですね。

古市　社会学者は、社会の自己意識を研究する人ということですか。

大澤　そうなんだけど、人間は全員、生ける社会学者みたいなところがあるんです。たとえば物理学の素粒子論は、専門家にならなければ興味を持ちません。ところが社会学は、他者と一緒に生きていくという現実そのものに対する反省ですから、誰だって多かれ少なかれ、日常的にやっていることです。つまり、全員がフォーク・ソシオロジストだという側面があって、その中から、洗練された、狭い意味での社会学者が出てくるというふうに考えたほうがいいんです。

古市　たとえば、多くの人がツイッターなどで社会に対していろいろ発言しているのを見ると、みんなが社会学者的になっているという気がするんです。だとすると、フォーク・ソシオロジストという民間社会学と、洗練された社会学者はどう違うんでしょうか。

大澤　まず、みんなが誤解していることからいうと、社会学を勉強しても、社会について詳しくなったりはしないんですね。

でも、社会学は何の役にも立たないわけじゃない。人間は全員フォーク・ソシオロジストなので、誰でも直感のレベルでは社会や人間というものについての理解はある。ただ、一般に、人はそれをうまく説明できない。

ところが社会学を勉強すると、自分が直感的に押さえていたことを、概念を使って、精密に複雑に説明できるようになるんです。

原初の社会学

古市　薄々わかっているようなことを言語化して説明できるんですね。

大澤　そうです。しかしはっきり言ってしまうと、社会学者にとっては、専門的な勉強よりも、それ以前の人間や社会に対する直感的な洞察力のほうが重要なんです。なぜかというと、社会学を勉強しても、自分が直感的に知らなかったことを発見することは、まずないんですよ。

だから、もともとフォーク・ソシオロジストとしてダメだと、いくら勉強したって、つまらないことしか言えない。そういう意味では、社会学の勉強をしているときだけが社会学じゃなくて、もう生きている者としてすでに社会学をやっているわけです。

古市　さきほどプリミティブな社会学があるとおっしゃっていましたが、それは、学問にはなっていないけど、社会学と似たような何かはあったということですか。

大澤　僕はそう考えています。以前、柳田國男の『遠野物語拾遺』に採録されている短い説話を題材にして、「原初の社会学」がどんなものかを解説した小論を書いたことがあるんです。その説話はこういうお話です。

遠野のある村で、子どもたちが馬頭《ばとう》観音――馬の顔をした観音――をそりにして遊んでいる。それを見た男が、「お前たち、そんなことをやっちゃいけない」と注意するんです。ところがその男は、その日から病気になってしまいます。

巫女《みこ》を呼んで調べてもらうと、「せっかく観音様が子どもたちと楽しく遊んでいたのに、邪魔をしたので、観音様の気にさわった」といわれたので、男は、観音様にお詫《わ》びをした。それで病気が治るわけです。

非常に単純な説話ですが、それでもこの村の共同体の中に、二種類の社会性があることがわかります。一つは、馬頭観音という神的な存在と親しく交わることをよしとする社会性、もう一つは、神的なものは距離を置いて敬うべきであるという規範が支配する社会性です。しかし、この二つの社会性は単純につながっていなくて、両者の間にねじれがある。

そのズレがあるために、男は病気になる。どういうことかというと、男は、言葉のレベルでは「馬頭観音と遊んではいけない」という規範意識を持っている一方で、身体感覚のレベルでは、じつは後ろめたさを感じている。つまり、馬頭観音も子どもたちと楽しんでいたんじゃないか、と直感的にはわかっている。

そうすると、言語レベルで持っている規範意識と、直感的にわかっていることとの間にはズレが生じていて、それが病気となって現れているわけです。

そのことを発見して、共同体に通じるローカルな言葉で説明するのが巫女、つまりシャーマンです。シャーマンが原初の社会学者、社会学以前の社会学者です。

このシャーマンと同じことを、近代社会で、合理的概念を用いてやれば、社会学になるという感じなんです。

いい社会学者とダメな社会学者

古市　そうすると、いい社会学者はいいシャーマンだということになりますか。

大澤　たしかにいまの例で言えば、男が言葉のレベルで知っていることしかわからなければ、ダメな社会学者だし、シャーマンの水準までわかれば、優れた社会学者になります。

もう少し言っておくと、社会学者は実証手続きとしてアンケートをしますよね。でも、この病気の男にアンケートをとっても、「馬頭観音は敬うべきである」と答えるに決まっている。ダメな社会学者というのは、それを真に受けて、言っていることを反復するだけなんですね（笑）。

当事者が言うことは、そこで何が起きているかを知るうえで最も重要な手がかりだけど、僕らだって自分のことを全部わかっているわけじゃないから、当事者が言ったことがそのまま答えではないんですよ。当事者には言葉にしきれないことがいっぱいあったり、嘘を言うことだってある。当事者が嘘を言うときは、その嘘のなかに大事なヒントが隠されているんです。

古市　だとしたら、最近、口うるさく言われている「実証性」や「エビデンス」というものを、どう考えたらいいですか。

大澤　少なくとも、人間的な事象を扱う社会科学の場合、あまり実証性にこだわりすぎると、つまらないことしか言えなくなるじゃないですか。だから僕は、緩《ゆる》い意味での反証可能性を持つような仮説を出すことが重要だと思います。

いくつかの状況証拠的なものがあれば、ある程度のことは推測がつく。それをきっちり実証するのは難しくても、「なるほど」と思わせる説明はできますよね。

古市　厳密に実証はできなくても、説明能力が高いことが大事なわけですね。

大澤　社会学じゃないけれど、たとえば「進化」という概念もそうでしょう。進化する瞬間を見ることはなかなかできません。だから厳密な検証は不可能だ。だけど、DNAは増殖する方向性に適応するという仮説を置くと、生物のいろんなことを非常にうまく説明できるわけです。だから、論理的に筋の通った根拠があるかどうかが、仮説を出す場合に重要になるわけです。

社会学者としてのチャレンジ

古市　大澤さんの社会学では、社会のあらゆる領域の現象を説明しようとする理論、グランドセオリーが登場することが多いと思います。もともとグランドセオリーをつくろうと思って、現在までのような研究を続けてきたんですか。

大澤　そもそもグランドセオリーありき、ということではないんです。

ただ、社会をベーシックのところから考えようとすると、どうしても理論が必要なんですよ。ところが、僕が社会学を始めた時期というのは、それまで多くの人が信じていて、聞いていてもなるほどと思わせる理論が、ちょうど崩壊期にあったわけです。

古市　マルクスやパーソンズの理論ですね。

大澤　そうです。グランドセオリーのツートップがもう信じられなくなっていた。そうすると、自分でやるしかない。自分で納得するように、全部土台から建築物を作っていくしかないんですね。

古市　それが結果的に、グランドセオリーになっていくんですね。一方で、大澤さんは、ナショナリズムや資本主義から映画、小説、アニメまで、非常に幅広く論じられています。これらを考察するときは、自分の理論を通して物事を見ている意識が強いんでしょうか。

大澤　「この事象はこの理論で見よう」と意識しているわけではないんですよね。僕が使っている理論は、自分で土台から組み立ててきたものだから、もう身体的に染み付いている。むしろ、こういう感じなんですよ。たとえば、自分自身も学生も興味を持つような現象が起きたときに、「社会学者としての私はこう見るんだ」ということを、意識的にしゃべったり書いたりする。いちばんそれを意識して実践したのは、オウム事件のときですが、ここには一つのチャレンジがあって、聞く人や読む人に「そんなことは俺も知っている」と思われる程度のことしか言えなかったら、ダメなんです。巫女が説明して男を納得させたように、僕も、読者がそれまで気付かなかったけど、「そうだったのか！」と深く納得してもらえるような説明をしたいと思っているんです。

構築主義への違和感

古市　大澤さんの本を読むと、「普遍性」に強いこだわりがあるように感じられます。それだからかもしれませんが、九〇年代以降に日本で流行った構築主義には一定の距離を置いている印象があるんですが。

大澤　やっぱり理論というものは、定義上普遍的じゃないといけないので、普遍性を追求することにはこだわっています。いま指摘してくれたように、構築主義はいかがなものかと思っていますよ。

構築主義というのは、僕らが持っているある観念が、歴史的・社会的に構築されてきたということを明らかにしていくわけですよね。たとえば、現代人が知っている意味で「ネイション」という言葉が使われるようになったのは、ヨーロッパでは一九世紀以降であることがわかる。そうすると、「ネイション」という概念は近代の産物だということになる。

こういう議論が一時、社会学ではものすごく流行ったし、いまでも社会学者の基本的なスタンスになっているところがあります。

でも、構築主義を突き詰めていくと、どうしてもアポリア（隘路《あいろ》）にぶつかってしまう。構築主義的な思想を展開したミシェル・フーコーは、「人間という概念は一九世紀の発明物である」と言って、西洋的な知の枠組みは、一七、一八世紀の「表象」という概念から、一九世紀になると「人間」に変遷していったと論じています。

そうなると、「表象」と「人間」を比べる共通の土台が前提とされますが、この土台自体は、構築されていないんですよ。だから、構築主義的な議論を組み立てる場合、構築されたものと構築されていないものの間に、どうしても恣意的な境界線が入り込んでしまう。もちろん、構築主義側からの反論はあるけれど、基本的には、構築主義は少なからず自己矛盾を含んでしまっているわけです。

だから、ある観念の歴史的な起源が予想以上に浅いことを発見する構築主義に認識上の価値は認めますが、何でもかんでも構築主義で説明しようとするのは、あまりにも能天気な感じがします。

古市　構築主義者は、本質主義的な議論に巻き込まれることを嫌がって、生物学のような知見をあまり参照しませんけど、大澤さんは霊長類の研究や生物学の議論も、積極的に参照しています。他の学問分野の議論を取り入れることには、あまり葛藤はないんですか。

大澤　それは、料理の仕方ですよ。本質主義とかそういうこと以前に、他分野のものを引用すると、必ず批判や文句はあります。それは、各分野の学者に領域意識があるからですね。

ただね、僕は他分野の議論を引用するときには、自分の観点からそれを解釈し直す。つまり、他分野の研究者たちが考えていないことも考えているわけです。

たとえば僕は『〈世界史〉の哲学』という本を書いていますが、歴史的な事柄はほとんど専門的な研究を引用している。でも、というか、だからこそ、歴史研究者が気付かなかった線を発見しなければいけない。そもそもマックス・ウェーバーの宗教社会学だって、そういうものだったじゃないですか。

古市　たしかにそうですね。

大澤　理科系の研究を引用する場合も同じです。

古市　そういうときも批判は来ますか。

大澤　まあ、来ます。でも、生産的な部分もありますよ。

たとえば今の霊長類研究者たちは、本当は人文社会系の研究者と交流したいんですよ。ところが、人文社会系の人はなかなか霊長類の研究に興味を持たない。だから僕のような社会学の人間が霊長類の研究に関心を向けることには好意的で、シンポジウムにも何度か登壇させてもらったことがあります。

自分がワクワクしなければいけない

古市　大澤さんは、現在の社会学の状況をどんなふうにご覧になっていますか。

大澤　あまり気にしていなくて、それぞれ好きなようにやればいいんじゃないかとは思うんですが、古市さんのように発信力のある人は、ごく一部ですよね。そこはアンバランスさを感じます。

古市　もっと社会学者は発信したほうがいいということですか。

大澤　社会学は、アカデミズムの中での評価だけじゃ足りないと思うんですね。すごく特殊な技術であるとか、専門家だけが知っておけばいいというような知見であれば、その業界の人がそれを利用できればいいけれど、社会学は、生きている人間が必ず持つ関心に応じているわけです。ですから、学界の中で素晴らしい評価を得ることと、それが広い社会的なコンテキストの中でそれなりの意味のあるものとして発信されることが、車の両輪のようになっていなくちゃいけない。

じゃあ今の社会学はどうかというと、業界の中でいろんな研究をする人はかなりいる。たぶん学会員は三〇〇〇人以上いるでしょう。でも、その人たちが持っている発信力を考えると、ちょっとギャップがありすぎる感じはしています。

古市　関心が細分化してしまっているから、なかなか発信するのが難しいんでしょうか。

大澤　それはそうですね。でも、それ以前に、まず自分が楽しいかどうかが決定的に重要なんですよ。つまり自分がワクワクするようなことでなければ、他人がワクワクすることは絶対ありませんから。

自分が面白いと思ったけど、他人が面白く思ってくれないことはたくさんあります。でも、自分はつまらないけど、他人が見たら面白いということは、まずないんです（笑）。だから、自分もそれを知ったことによって、本当に驚いたり、納得したりとか、そういう気持ちで研究をしているかどうか。そういう気持ちがなければ、人を深く納得させる発信なんてできないんです。

もう一つ、最近の学会の発表を見て、僕らの時代と圧倒的に違うのは、やっぱり理論とか、理論のベースになる学説研究が劇的なまでに減ったということです。

古市 なぜ理論研究って、そんなに減ってしまったんでしょうね。

大澤 いろんな理由があると思うけど、一つは、理論をやってきた先輩社会学者にもかなり責任があると思います。

たとえば日本には、ニクラス・ルーマンの研究者はいっぱいいます。でも、ルーマンは読むのに一生かかるくらい難しい。社会学者の卵たちにとってみれば、ルーマンを研究したら、何がわかるかというのは気になるはずです。でも、先輩の論文や本を読んでも、その面白さや深い納得を感じなければ、ルーマンを苦労して読む気にならないですよね。

だから、ルーマンにかぎらず、これまで学説研究をしてきた人の研究を見ても、それによって社会のある部分を深く知った気分にならないというのが、理論研究が勢いをなくしている理由なんじゃないでしょうか。

古市 大澤さんも、誰かの研究に刺激を受けて、社会学に入ろうと決めたんですか。

大澤 それははっきりして、見田宗介先生なんですよね。大学へ入って受けた見田先生のゼミが、僕にとっては衝撃的だったんです。

そのときに初めて、学問的にものを考えることと、人間関係や恋愛など、人生の中で普通に悩んでしまう問題とが、一つに結びつき得るんだということを実感したわけです。ちょうどそのころ、見田先生は比較社会学を始めたころで、その講義を受けて、僕自身も社会学というものを意識するようになりました。

古市　学問と人生が結びつき、そこに深い納得もあったわけですね。

社会学は生きるのが不器用な人のための学問

古市　これから社会学を学びたい人に、何かアドバイスはありますか。

大澤　人間っていろいろな生き方が当然あるわけだから、好きなようにすればいいわけですけど、僕自身は、自分が生きていくうえでぶつかっている問題を、社会学をやることである程度乗り越えていくというか、対応できている感じがするんです。その意味では、僕のように不器用な人にとっては、とてもいい学問なんです。

古市　大澤さんは、全然、不器用には見えませんが……。

大澤　だって、社会学なんて勉強しなくたって、普通に見事に生きていられる人はいっぱいいるんですよ。ただ僕なんかは、こんな七面倒くさいことまで考えて、やっと何とか荒波を乗り越えているという感じなんです（笑）。

古市　生きることが不器用な人にとっては、役に立つことはあると？

大澤　役立つというか、それを考えることによって解放される感覚です。「この理論は人生のこういう場面で使える」というより、考え続けることで自由になっていく。この社会でなぜこういうことが起きているのかということを、いちばん底の底まで考えていったときに、精神の自由というものがあるんですね。

たとえば、マルクスの理論は批判も多いけれど、ずば抜けた力があったことは間違いない。それはなぜかというと、マルクスの資本主義論は、その当時の一九世紀の社会の仕組みを、いちばん深いところから説明しているからです。

だからマルクスを読むと、一方では、資本主義がいかに人間を縛っているかということがわかるんだけど、他方で、そこまで深い分析をすると、逆に「資本主義から自分は自由になれるかもしれない」という感覚を持つことができるわけ。

つまり理論上書いてあることは、資本主義がいかに鉄のメカニズムかということだけど、根っこの部分まで説明できると、資本主義の外への想像力に風穴が開く感じがするわけですよ。でも、それはそこまで深く分析しているからなんです。だから、自分をつくっている社会を深く見ることで、初めてそこから自由になれるような感じになる。

ついでに言っておくと、逆に自己啓発本を読んでも、その人の抱えている問題が解決するとは到底思えないんですよ。

古市　自己啓発本では、人は自由にはなれない？

大澤　まあ、はっきり言うと、その種の本を読んでいる段階でおしまいだぞ、という感じがあるわけです。読み始めてしまったあなたの問題は、もはや解決しない（笑）。人が悩んだりする問題って、みんなお手軽に解決したいんだけど、お手軽に解決しないわけですよ。それは、あなたの心と社会をつくる、本当に根本的な部分からあなたは縛られているからですね。そういう意味でいくと、いちばん洞察力の深い社会学が、初めて悩みも解決すると思う場合はありますよね。

プロの社会学者を名乗るには？

古市　僕自身はまだ大学院に籍を置いていますが、メディアに出るときは「社会学者」という肩書きをつけられます。もちろんそれに批判的な声があることも知っているんですが、いまの日本で、どうすればプロの社会学者と名乗っていいんでしょうか。

大澤　率直に言うと、社会学者という肩書きを持っている人のほうが、本当の社会学者よりもどうしても多くなるんですよ。それはどうしてかというと、社会学が大学の中で制度化されているからです。だから、社会学講座の教授や准教授になれば、自動的に社会学者と名乗れますよね。つまり、教育ポストが増えれば増えるほど、社会学者を名乗れる人は増えてくるわけです（笑）。

社会学は高校では教えませんから、それでもまだ比較的少ないんですけれど、それでもかなりの大学に社会学部や社会学科があって、大学院生もたくさんいます。そしていまや博士号を取るのは普通になっているから、博士号があると、まあ社会学者と名乗る資格はあるという感じでしょうか。

でも、それはあくまで制度内のことで、別の考え方だってできるわけですよ。

古市　別の考え方というのは？

大澤　たとえば、社会学というのは、ある意味では名人芸的なところがあるわけじゃないですか。だから極論すると、芸術家と同じように考えることだってできます。

別に芸術大学で先生をしている人が芸術家というわけじゃないですよね。もちろん優れた芸術家とダメな芸術家はいるけれど、教育ポストとはまったく関係ない。社会学も、肩書きがあることと、深い分析ができることはまったく別のことなんですよ。

古市さんの場合、若い人に魅力があるというのはわかります。僕の感じですけど、やっぱり古市さんは若い人たちが持っている違和感を見事に代弁していると思うんですよ。古市さんが出てくるまでは、いろいろ気に入らないことを言われても、なんか納得いかないけれど、反論できないように感じていた。古市さんは、若い人から見たときに、初めてしっくりいかなかった違和感を言葉にしてくれたんです。そういう意味で、社会的にすごく有意義な仕事をしていると思います。

そうすると、次に古市さんがやることは、今度はその違和感を表明する代表選手を超えて、「自分はこう思う」ということを積極的な言葉にしていくと、さらに一回り大きくなる気がします。

古市　大澤さんの言う、本当の社会学者になるにはどうすればいいですか。

大澤　おそらく博士論文を準備するプロセスの中で、自分なりの深い分析や見方というものが出てくるんです。だから、三五歳ぐらいまでがすごく重要な時期で、やっぱりそこである程度築いたものが、その後、さらに展開していくようになっていくんですね。

古市　でも、社会学をやっている人からは、「君の発言や書いているものは社会学じゃない」とよく言われるんですけど。

大澤　それは気にしなくていいんだよ。僕だって言われてたし、いまだって言われてるから（笑）。

古市　大澤さんでさえも言われるんだったら、仕方ないやと開き直れます（笑）。

大澤　だけど、僕はわざわざ肩書きにいつも「社会学」を強めに出しているんですよ。文句を言うなら、あなたもあなたの社会学をやればいいと思っているから。

社会学という学問は、どうしてもアイデンティティが拡散しやすい学問です。でも、そこが社会学のいいところでもある。

だから、「それは社会学じゃない」とかいろいろ言われますが、そんなことは気にする必要はありません。説得力があればいいだけですからね。

山田昌弘先生に「家族社会学から見た日本」を聞く！

山田昌弘（やまだ・まさひろ）
1957年東京都生まれ。東京大学大学院社会学研究科博士課程単位取得退学。現在中央大学文学部教授。専門は家族社会学。著書に『近代家族のゆくえ』（新曜社）、『結婚の社会学』（丸善）、『パラサイト・シングルの時代』『希望格差社会』（以上、筑摩書房）、『新平等社会』『家族ペット』（以上、文藝春秋）、『少子社会日本』『女性活躍後進国ニッポン』（以上、岩波書店）、『「家族」難民』（朝日新聞出版）、共著に『「婚活」時代』（ディスカヴァー・トゥエンティワン）など多数。近著に『モテる構造』（ちくま新書）。

山田昌弘さんについて

僕は『希望難民ご一行様』という本で、人名に枕詞をつけていた。山田さんの本を引用するときは、「社会学者でありながら優れたマーケターでもある山田昌弘」と書いた。それは、山田さんが数々の優れたキャッチコピーを生み出してきたからだ。

たとえば「パラサイト・シングル」。学校卒業後も親と同居して、生活も依存している未婚者のことだが、山田さんがこの概念を提唱したのは一九九七年のことだ。当時上映されていた映画『パラサイト・イヴ』にあやかったネーミングだというが、約二〇年が経ち、「パラサイト・シングル」のほうが一般的な言葉になってしまった。

また「婚活」という言葉も山田さんの発明である。就職活動のように、よりよい結婚を目指す行動を「結婚活動」ととらえ、その略語として「婚活」を提案したのだ。こちらは二〇〇七年のことだが、約一〇年ですでに知らない人はいない言葉にまでなった。

他にも山田さんは、「希望格差社会」など、様々な言葉を生み出してきた（なかには「家族ペット」や「絶食系男子」「なでしこ姫」などまったく流行しなかった言葉もある）。

それにしても、一社会学者の発明した言葉が、かつてこれほどまで広く社会で受け入れられたことはあっただろうか。社会学者の中で通用する概念を生み出すだけでも大変だというのに。

山田さんの言葉が、ただ単にマーケティング上の戦略から命名されたものだったら、これほどまでに流行・普及することはなかったかもしれない。

「パラサイト・シングル」や「婚活」という言葉が真に優れている点は、それが的確に現代社会を説明していたからに他ならない。

経済的に自立できなかったり、将来に不安を感じる若者が増える中で、彼らが親元に留まるのは当然のように思える。また親戚や地域を介してのお見合いや職場結婚が減り、結婚するためにも「活動」が必要というのも、説明されれば納得できる話だ。

言葉の発明は、その現象の発見でもある。山田さんのおかげで、「パラサイト・シングル」や「婚活」という存在がここまで注目されることになったし、それを研究したり、社会が支援できるようになった。同時に、「パラサイト・シングル」へのバッシングも可能になったわけだが、それは概念の持つ宿命のようなものだ。

実は『希望難民ご一行様』の中で、山田さんへの枕詞は初め、「社会学者というよりも優れたマーケター」だった（ごめんなさい）。いまから思えば「でありながら」にしておいてよかったと思う。

就活で「社会学」をどう説明するか

古市　「社会学とは何か」ということを学生に教えることって、すごく難しいように見えるんですが、山田さんはどういうふうに教えているんですか。

山田　大学で社会学概論を教えていると、そこがいちばん苦労します。

　正解はないと思いますけど、学生にはまず、私の研究分野である家族社会学のことを説明します。家族社会学というのは、家族の個人化や少子高齢化といった社会問題がどのように生まれ、どんな影響を個人や社会に及ぼすのかを研究する学問だ、と。

　あとは、アメリカの社会学者ライト・ミルズの「社

「家族社会学から見た日本」について聞いてみました

山田昌弘 × 古市憲寿

会学的想像力」の話をすることが多いですね。つまり、一見、個人的に見える問題でも、その裏には社会的な構造や、その変化がある。そこをつないで分析するのが社会学なんだ、と。

ただ、就活の学生に対しては、また違うことを教えなきゃいけないんですよ。

古市 どういうことですか？

山田 企業の面接で「あなたが学んでいる社会学は、企業の仕事とどう関係あるのか」みたいなことを聞かれるじゃないですか。

古市 なるほど。就活をする学生にとっては頭を抱える質問ですね。どうやって答えればいいんですかね。

山田 ケース・バイ・ケースですけど、たとえば「現代は家族が変化しているから、モノを売るにしても昔の家族を前提にしていたらダメです」とか（笑）。

ニッチな分野を研究する強み

古市 社会学と他の社会科学の違いって何でしょうか。

山田 それもよく学生に話すのですが、大きく二つの考え方があります、と。一つは、「政治も経済も含めて、すべての分野を総合的に説明するのが社会学である」という考え方。もう一つは、「政治現象でも経済現象でもない、ニッチな分野を研究するのが社会学」という考え方です。

古市　グランドセオリー派とニッチ派があるというわけですね。

山田　そうですね。私にとって幸いなのは、家族社会学はニッチな分野なので、行政や企業、他の分野の研究者から「一緒に調査や研究をしよう」と誘われやすいんですよ。

古市　たしかに山田さんは、他分野の方とのコラボレーションがすごく多いですよね。でも、コラボレーションするときに、ディシプリンの違いで対立することはないですか。

山田　そもそも家族社会学という分野がニッチだから、対立はあまりないんです。たとえば、家族の愛情がどう変化しているかという問題は、政治学でも経済学でも扱わないですよね。だから、わりとすんなり説明を受け入れてくれます。

古市　最近だと、どういう分野の人から声がかかることが多いですか。

山田　住宅メーカーや自動車メーカーといった消費産業や、起業家の方々からよく声をかけてもらいます。就活の面接じゃありませんが、消費産業は、標準家族を前提にして商売を組み立ててきたけれど、その標準家族が先細ってきているわけでしょう。だから、家族の変化を分析してきた僕の研究に関心を持ってもらえるわけです。

学会に入ることの意味

古市　山田さんには、社会学の学会についても、ぜひ聞いてみたかったんです。売れる本を書いたり、メディアでいろいろと発言したりするような社会学者だと、だんだん学会の活動に参加しなくなる人も多いじゃないですか。たとえば大澤真幸さんや宮台真司さんは、社会学会になんてあまり興味なさそうですし。

　でも、山田さんは、一般読者向けの本もたくさん書く一方で、学会の活動もおろそかにしていない。いろんな役職にも就いています。社会学者にとって、学会で活動することにはどういう意義があるでしょうか。

山田　学会活動というのは、同窓会機能があります。社会学だと、いちばん大きな社会学会があって、そのサブ学会という形で日本家族社会学会とか福祉社会学会とか、いろいろありますね。そういう学会に所属すれば、自分の論文や学会での主張に関して、他の社会学者から有益なコメントを得ることができます。私もそうして育ててもらっています。役職につくのは恩返しのようなところがあります。

しかも、いろいろな世代の社会学者がいるわけですよね。そうやって世代を超えて、相互に発表し、批判しあうことは、後進を育てて自分の学問の幅を広げることにもつながる部分があると思います。

古市　小さな学会だったら問題意識も共通しているから議論しやすいと思うんですけど、日本社会学会だと、同窓会にしては大きすぎませんか。

山田　社会学会のような、サブ学会を束ねる学会って珍しいんです。

経済学だと、マルクス系と近代系はディシプリンが全然違うので、個別の学会しかないんです。歴史学も同じように個別の学会しかなくて、日本歴史学会なんてないんですね。他の分野でも、たとえ総合的な学会が存在しても、活動はほとんどしていないと思います。

たぶん社会学は、世間的にはマイノリティの学問だったから、組織的にまとまる必要があった。その意味では、日本社会学会は、社会学の存在を世間に認めてもらうために活動しているところもあるわけです。

ジャーナリストと社会学者の違い

古市　ただ、学会に入らないと、社会学者とは言えないんでしょうか。たとえば、家族問題に詳しいジャーナリストと、家族社会学者の違いは、何だと思われますか。

山田　一つは、現象だけを見るのではなく、現象の背後にある社会全体の変化を理論的に位置づけているかどうかということです。

社会学者は、「個人化」や「承認欲求」など、社会学の一般理論というものがあって、それを踏まえながら現象を解釈したり位置づけているわけですよね。

もちろんアウトプットするときは、すべてを説明することはできないので、部分的な分析や結論の形を取るんだけど、読む人が読めば、その背後に理論的な認識があるかどうかはすぐわかります。

だから逆に言うと、家族問題に詳しいジャーナリストが、自分の調査や研究を社会理論のなかに乗せることができれば、社会学者といっていいと思います。

古市　肩書きは関係がないということですか？

山田　そう思います。私の印象で言うと、日本でいちばんの社会学的研究をしている人々は、官僚ですよ。

古市　官僚？

山田　だって現実の社会問題を分析して、そこから原因、結論や政策をくみ取る仕事を毎日しているわけじゃないですか。

古市　たしかにそうですね（笑）。

山田　ただ、官僚は四～五年でつねに異動するので、一つのことにずっと専門で関わることはできない。そこはアカデミックな社会学者と違う点かもしれません。

古市　じゃあ必ずしもマートンやルーマンを読まなくても、社会学者になれるということですか？

山田　いや、そういう理論的な本を読むことも社会学者にとっては大切です。学生に説明するときにも、社会学理論や社会学史のように、社会学全体を基礎づけるような社会学と、社会の現実的な問題に向き合う社会学という二つがあるという話をします。

社会学者の中には、その両方を研究している人もいるし、私のように前者を勉強して、後者で発信していくという人もいる、と。だから社会学の発展にとっては、理論的な研究ももちろん必要です。

社会学と数学の共通点

古市　少し個人史的なことも聞きたいのですが、そもそも山田さんは、なぜ社会学の道を選んだんですか。

山田　私は、若いころは数学者になりたかったんです。高校生のときには、当時気鋭の数学者だった広中平祐《ひろなかへいすけ》さんと座談会をするというテレビ番組に出たこともあります。

古市　数学者を目指していたんですか？

山田　そうなんです。その中の何人かは、数学者になってますよ。

古市　へえ！　それがなぜまた社会学に？

山田　最も美的に美しい世界から、最もドロドロした世界に行ってしまった感じですよね。原点は家族なんですよ。貧乏だったうえに、母が公害病でほぼ寝たきりで、ふつうとは程遠い家庭環境でしたから。

古市　家族に興味を持たざるを得なかったということですか。

山田　そうですね。まさか仕事になるなんて思いませんでしたけど。

古市　数学好きだったことは、社会学にも生きていますか？

山田　それはありますね。レヴィ＝ストロースの構造主義も数学を使っていますが、何らかの構造を社会現象に適用すると、社会現象がすっきり見えるようになるということは、数学的な考え方と非常によく似ています。

たとえば「親同居」という家族構造を日本社会に入れてみると、バブル時代の若者がお金を使って遊びまくるとか、若者がなかなか結婚しないとか、ラブホテルが流行るといった現象がすっきりと説明できるわけです。

古市　山田さんが大学院生だった八〇年代って、数学を使った数理社会学や理論社会学が流行っていましたよね。その方面に進もうとは思わなかったんですか？

山田　だって数理社会学とか理論社会学は、モデルは作るけれど、あまり現象を説明しないじゃないですか。

古市　じゃあ大澤真幸さんや宮台真司さんみたいに、普遍的なモデルやグランドセオリーを作りたいという野望は、あまりなかった？

山田　僕の世代は少し上に橋爪大三郎さんがいて、同学年に大澤君がいて、二年下に宮台君がいるでしょ。もう、みんなすごく頭いいんです（笑）。指導を受けた高橋徹教授、吉田民人教授、小室直樹先生はもちろんですし。だから私は、グランドセオリーは別の人に任せようと。じゃあ何をするかというと、当時参加していた小室直樹先生のゼミで、先生は「先進科学を後進科学に応用するのが社会科学である」と言ってたんですね。だから、みんなが作り出したグランドセオリーを、私の専門分野である家族に応用すればいいだろうと。

つまり、私があちこちの現場で集めたデータを、グランドセオリーを使って解明していくことが、自分の役割だと思ったんです。

家族社会学を選ぶ男なんていなかった

古市　当時、家族社会学を専攻する大学院生はけっこういたんですか？

山田　まったくいなくて、男は私だけですよ（笑）。私が大学院に進んだのは一九八一年ですが、七〇年代後半というのは、夫が働き、妻は専業主婦という核家族モデルが最も安定していた時代でしたから。

古市　安定しすぎていて、みんな研究の対象にしようと思わなかった？

山田　そうなんです。東大で家族社会学を専攻する男性としては、二〇年ぶりだったそうです。

古市　それだけ、山田さんの中で家族という問題は大きかったんですね。

山田　ええ。普通の家族なんてあるんだろうかとか、他の家族って本当にうまくいっているのだろうかとかね。

古市　当時としてはその問題に気付いていた人は少数派だったわけですが、次第に「家族」というものが問い直されていくようになりましたよね。山田さんも九〇年代以降、次々に一般読者向けに本を出していきます。

山田　そうですね。一つには、日本の少子化の原因として、違うなと思うことばかり言われていたからです。「女性が働きたいから、子どもを産まないんだ」というのが主流派だったんですが、実際に現場を調べて話を聞くと、そんな女性は少ないんです。

データを分析すれば、少子化の原因が、そもそも結婚自体が減ったことにあるのは明らかでした。そのことを誰も指摘しないので、仕方がないから自分で書くしかないと。それで書いたのが『結婚の社会学』です。

古市　その後、九九年に、親と同居する未婚者を分析した『パラサイト・シングルの時代』

が大ベストセラーになりました。

ちょっと本筋からズレますけど、山田さんの書名は「パラサイト・シングル」や「希望格差社会」「婚活」といったように、インパクトのあるタイトルが多いのも特徴的ですよね。こうしたネーミングは大流行を狙ったものなんですか？

山田　いやいや、そんなことはないんです。大体どれも、編集者の人と話しているなかで、なんとなく出てきた言葉で、別に新しいコピーを流行らそうと思って作ったわけじゃありません。

古市　ご自身の中にマーケッターとかコピーライターという意識は？

山田　まったくないですよ、そんなもの。以前、「コピーライターの山田先生に講演をお願いしたいのですが」という依頼がきたことがありましたが、当然、断りました（笑）。私、コピーライターじゃありませんから。

古市　家族という視点から見て、日本の転換点はいつごろだったと思われますか。

山田　第一の大きな構造転換は、オイルショックのころだと思います。ここで高度経済成長が止まるわけです。経済成長が低下すると、結婚も減っていく。両者の間には相関関係があるんですね。

それから第二の転換が九〇年代後半。アジア経済危機が起きたあたりですね。そのころからニューエコノミーが入ってきて、社会の流動化が強まっていきます。ただ、その影響をダイレクトに受けたのは、日本の場合、若者だったんです。

古市　たしかに、山田さんの著書も家族だけでなく、若者を対象にした研究や提言が増えていった感じがします。どこかで大きな危機感を感じたんでしょうか。

山田　私にとって大きかったのは、厚生省（当時）の依頼で、二〇〇〇年から二〇〇二年ぐらいにかけて、非正規雇用者や未婚者のインタビュー調査を大掛かりに行ったときです。日本中を飛び回って、一〇〇人以上にインタビューしました。

そうすると、自由な生き方ができるなんていうフリーター像とはまったく違うわけです。たとえば、昼間はバッティングセンターに通って、夜はマックでバイトしながら、毎年プロ野球の入団テストを受けて落ちている三〇歳ぐらいの男性がいたりする。あるいは、高収入の男性に見初《みそ》められるのを待ちながら、非正規労働を続けている三〇歳独身の女性とか。

調査者だからアドバイスはあまりできないんですけど、「いったいこの人たちは将来どうするんだろう?」と少なからぬ衝撃を受けました。

このときのインタビューや調査が、その後の『希望格差社会』や『「婚活」時代』といった著書の基礎になっていると思います。

後期近代を知るための基本文献

古市　社会学に興味を持っている高校生や大学生は、どういうふうに勉強したらいいと思いますか。

山田　さきほどのジャーナリストとの違いとも関連しますが、社会学の理論的な本を読むことと同時に、自分の興味のある分野について「いまホットな問題は何か」ということを調べていく。大枠となる理論と具体的な問題の両輪が必要です。

古市　理論的な本で、何かオススメはありますか？

山田　たとえば、ウルリッヒ・ベックの『世界リスク社会論』、アンソニー・ギデンズの『近代とはいかなる時代か？』、ジークムント・バウマンの『リキッド・モダニティ』あたりですかね。

こういった社会学の本を読むと、現在が歴史的な転換期にあることがわかります。つまり、安定した前期近代から流動的な後期近代に移行しているわけです。自分の生き方を考えるうえでも、政策的な提案をするうえでも、この前提は最低限押さえておかないといけないでしょうね。

古市 社会学は、おもに近代という時代を対象にする学問ですが、ギデンズやバウマンは、近代を、前期近代と後期近代といった形で、二つの近代に分けていますね。

ヨーロッパ諸国においては、戦後の経済成長が終わる一九七〇年代の石油危機くらいまでを前期近代、それ以降の社会が流動化した時期を後期近代と分けるのが一般的です。そのような知見の、どのような点が有用なんでしょうか。

山田 私の分野でいえば、社会全体が流動化しているなかで、二五％が一生結婚できず、残りの七五％のうち二五％が離婚をすると。だから、自分がどちらになってもいいように、人生をつくっておきましょうということを学生に言うわけです。そして、そういう社会で生きるための仕組みをつくっていくのも、いまの学生たちです。やっぱり、自分たちが生きづらい社会をつくってほしくはありませんから、いまがどういう時代であるかを巨視的に知ることは大切なんです。

古市 いまの日本が前期近代から後期近代への移行期だとすると、前期近代の時代に書かれた古典を読むことには、どんな意味がありますか。

山田　マックス・ウェーバーやデュルケムなど、前期近代の古典というのは、前近代から近代が立ち上がるときに、どういう問題が起きたかということを知るための格好のテキストです。後期近代というのは、前期近代を徹底することでできあがったわけだから、いまの問題を捉えるためにも、近代のベースは知っておかなくてはならないでしょう。

前期近代から抜け出せない日本

古市　後期近代は、これからどうなっていくんでしょうね。

山田　日本では、まだ前期近代的な考えが根強く残っています。終身雇用だとか安定を望む学生が多いのも、その現れです。多少景気がよくなると、前期近代に戻れるんじゃないかという人が増えてしまうのが困ったところです。

古市　「東京オリンピックとリニアモーターカーで日本復活だ」みたいなことを言う人もいますからね。

山田　私が『「家族」難民』で書いたことは、企業や家族に頼ればなんとかなるといった前期近代的に生きられる人は少数派になっていくのだから、個人を単位に制度も変えていかなきゃいけないということなんです。まあ、ずっと言い続けていることではあるんですけど。

古市　でも、社会保障にせよ教育にせよ、日本は後期近代に対応できる制度を作れるんでしょうか。

山田　少なくともいまはできていないですよね。

古市　ヨーロッパでは、曲がりなりにも後期近代に制度的に対応しようとする国が多い中で、なぜ日本はできないんでしょうか。

山田　きっと前期近代が幸せだったからじゃないですか。

古市　日本は前期近代で成功しすぎちゃった？

山田　と、多くの人が言ってますし、私もそうだと思います。そのノスタルジーがあるから、高齢者はいつまでも前期近代の成功体験から抜け出ることができないし、若者も公務員を志望するなど安定志向がすごく強くて、前期近代を選びたがるわけでしょう。

古市　そうか、官僚なんて前期近代的コースの頂点ですからね。結局、制度を作る人たちが、前期近代にしがみついていることが、日本を後期近代に対応させることを難しくしているのかもしれません。

山田　いままで築き上げたものを捨てることは、なかなかできないということです。

古市　たとえば少子化一つにしても、何十年も前からわかっていた問題なわけじゃないですか。それなのに、ここまで切羽詰まっても、有効な対応策を打ち出せない。

山田　男性と女性を会わせたら、自然と好きになって結婚するもんだと思っている高齢の方は、まだまだたくさんいます。

古市　どうしたら、おじいちゃんやおばあちゃんは気付いてくれるんですかね？

山田　そういう人が権力を握っているうちは、難しいでしょうね。「あなた方のお子さんたち、お孫さんたちは、大変になっていきますよ」と言っても、「じゃあ、うちの子どもや孫だけはうまくいくようにしなきゃ」という発想ですから。

社会学の目的は辛さに耐える力をつけること

古市　山田さんは政府の委員のような仕事もたくさんやってきていますが、政治や政策に働きかけて、社会を変えたいという意識は強くあるんですか。

山田　たしかにそういう仕事もやってきましたけど、結局、政府の委員になるかどうかは、発信した仕事に注目してくれる官僚がいるかどうか次第というところも大きいわけです。私も、経済企画庁（当時）の方々に呼ばれたのがきっかけですから。

古市　偶然的な要素が強いということですか。

山田　そうですね。ただ、何かを官僚の前で話すにしても、私は最近は格差と危機感ばかりを語るので、多くの人はなかなか聞く耳を持ちたがりません。見たいものしか見たくないんでしょうね。最近は、講演する前に、「すいません、私の話は暗いんですけどいいでしょうか」と断ってから話すぐらいです。

古市　山田さんからすれば、世間は危機感がなさすぎる？

山田　危機感が多少あっても、自分だけはセーフだと思っている人が多いですよね。一方、セーフじゃない人は、大した危機感を持っていない。

古市　社会学はもっと政治や政策にコミットすべきでしょうか。

山田　どうでしょうね。

　私は学生たちに、ユングの言葉をもじって「社会学というのは、社会をあり得ない幸せな状態にするのが目的ではなくて、辛さに耐える力をつけることが目的です」と話すんです。

古市　辛さに耐える力？

山田　どんな社会になっても、辛いものがなくなるわけじゃないと思うんですよ。社会的な不平等、ジェンダー差別、格差、貧困、離婚、未婚、あるいは急に親が寝たきりになっちゃうとか。

社会学的な認識というのは、そういう辛い状態に耐える力になり得ると思うし、人々が辛い状態に耐え得る制度をつくる必要はあるように感じます。少しでも人々が生きやすい社会、生きにくくなったとしても、そこから立ち直りやすい社会にはしたいと思います。

親同居未婚者の将来

古市　山田さんから見て、日本に希望は何かありますか。こうしたら社会がマシになるんじゃないか、というヒントでもいいんですが。

山田　そこがなかなか見えないですよね。他者からの承認を失っている人がどんどん増えているという状況があって、そういう人は経済的にも感情的にも孤立してしまうわけですから。

古市　二〇五〇年ごろの日本はどうなっていますかね。

山田　私がいちばん心配しているのは、親同居未婚者の将来です。いま、未婚者のうちの八割が親と同居しています。しかも三五歳から四四歳までの未婚者は、二〇一二年で三〇五万人もいますからね。彼ら、彼女らの親が亡くなったときにどうなってしまうのかと思うんですが、現在のところ、政策的にはほとんど手は打たれていません。

シェアハウスのようなものに可能性があるのか、それともネコとかロボットと暮らすような、バーチャルな関係性の時代になっていくのか。そのあたりは気になるところです。

古市　バーチャルな関係だと、社会は再生産されないですよね。

いま一四歳以下の子どもの数は一六〇〇万人です。一方でネコの飼育頭数が一〇〇〇万匹、イヌネコを合わせたら二〇〇〇万匹。子どもよりもペットのイヌとネコのほうがもう多いわけで、山田さんのいう「家族ペット」は増える一方です。

山田　そうやってバーチャルな関係が家族を代替していくのが、課題先進国日本の姿かもしれませんね。恋愛したくない、恋人も欲しくないという人が増えれば、それだけバーチャル文化も発展していくわけですから。決して前向きな話とは言えませんが。

鈴木謙介先生に「パブリック社会学の役割」を聞く！

鈴木謙介（すずき・けんすけ）
1976年福岡県生まれ。東京都立大学大学院社会科学研究科博士課程単位取得退学。現在、関西学院大学社会学部准教授。専攻は理論社会学。「文化系トークラジオ Life」（TBS ラジオ）メインパーソナリティ。著書に『カーニヴァル化する社会』（講談社現代新書）、『サブカル・ニッポンの新自由主義』（ちくま新書）、『SQ “かかわり”の知能指数』（ディスカヴァー・トゥエンティワン）、『ウェブ社会の思想』『ウェブ社会のゆくえ』（以上、NHK ブックス）など多数。

鈴木謙介さんについて

あだ名はチャーリー。二〇〇六年から放送が始まった『文化系トークラジオ Ｌｉｆｅ』のメインパーソナリティを務める。

僕が初めてメディアに出たのも、『Ｌｉｆｅ』だった。僕だけではない。國分功一郎《こくぶんこういちろう》さん、津田大介さん、速水健朗《はやみずけんろう》さんなど「若手論客」と呼ばれる人々を、いち早く発掘してきた番組だ。その意味で、この十年間の言論界にとって貴重な場所を提供してきた（そういえば、『とくダネ！』の小倉智昭さんも『Ｌｉｆｅ』を聞いていると言ってたな）。

なんて書くとえらく意識が高そうな番組に思えるが、実際は部活のような雰囲気の場所。番組テーマにも「ソーシャル」「グローバル化」「リーダー論」などが並ぶが、決して自己啓発的な内容ではない。そうしたテーマを俯瞰的にだらだら真剣に論じていくのが同番組の特徴だ。『Ｌｉｆｅ』がこのような場所になったのは、チャーリーが「社会学者」であることと無縁ではないだろう。

二回くらい留年してバンド活動を続けている大学生のような見た目のチャーリーだが、この人は本を書くと一気に話が小難しくなる。しかし小難しいのはきちんと様々な理論を用いて現実を説明しているから。その意味で、いまでも十分に対話すべき本が多い。

たとえば二〇〇五年に出版された『カーニヴァル化する社会』は、「日常の祝祭化」について論じたものだが、最近の「炎上」や「スマホ依存」といった話題を語るうえでも参考になる。二〇〇八年の『サブカル・ニッポンの新自由主義』も、ただの「マイノリティ探し」をして、何か議論をした気になっている残念な人に読ませたい一冊だ。

鈴木さん（いきなり呼び名を変えてみる）の真摯な点は、こうした議論に処方箋《しょほうせん》を示していることだ。学者の本は得てして問題提起に終わりがちだが、彼の本はその先の「可能性」を示そうとする。しかもそれが説教臭くない。

鈴木さんの本を読み返して思ったのは、僕が思った以上に「彼」（ラジオパーソナリティの「チャーリー」ではなく「鈴木謙介」のほう）の影響を受けているということだ。『希望難民ご一行様』で用いた鍵概念「承認の共同体」は、『サブカル・ニッポンの新自由主義』を引き受けたものである。

また初期の作品群の「不安定で流動的なリキッド・モダニティをどう生きていこう」「この社会で、いかなる共同性ならあり得るのか」といった問題意識はそのまま僕の関心とも重なる。

鈴木さんの問題意識は社会学的であり、実践的でもある。それこそが、「鈴木謙介」が「チャーリー」である理由なのだろう。

「パブリック社会学の役割」について聞いてみました

鈴木謙介×古市憲寿

対象や手段を選べるのが社会学

古市　これまで登場していただいた方へと同じ質問から入りますが、鈴木さんは学生に「社会学って何ですか」と聞かれたら、どんなふうに説明しますか。

鈴木　内在的に回答するよりも、大学のオープンキャンパスに来るような高校生に対してするような、他の学問との違いを最初に説明したほうがわかりやすいと思います。

政治学にせよ、経済学にせよ、説明する対象と手段がはっきりしている。政治学であれば、権力というものを巡って人々がどう動くかということを考えるし、経済学であれば、ミクロには人の利益に関する行動をベースに物事を説明しようとする。

でも、ある分野に関心はあるけれど、具体的な対象と手段は自由に選びたい場合だってあります。
たとえば、自分の生まれた地域が過疎化していて、なんとかしたいと思っているとする。でも、そのための手段は無数に選べるし、「なんとかなった」と思う状態も無数にあり得るわけだよね。観光地化して、よそのお客さんがいっぱい入ってくることで地域活性化するべきなのかもしれないし、地域の関係性を濃密なものにすることで、みんなで協力して支え合うような地域社会を再生するべきなのかもしれない。
そういった個別の関心に対して、よりよい手段やよりよい目標を選んでアプローチできるのが社会学です、という言い方をしています。

古市　実際に社会学部に入ってくる学生は、入学前と入学後では、社会学に対する印象は変わりますか。想像していた学部と違うとか、思ったよりも難しかったとか。

鈴木　大学の個別の事情があるから一概には言えないけれど、自分の大学だと、そもそも社会学に関心があるわけじゃなくて、有名だし就職もなんとかなりそうというイメージで入ってくる学生だって相当数います。そうじゃない場合は、「社会学を学ぶことで、物事を多角的に見られるようになりました」という声のほうが目につきますね。
ただ多くの学生たちは、自分の実存や、社会のなかでの自分の立ち位置といった、自己に対する関心が強く、社会学もそうした問いに答える手段になっている印象です。

社会学に定番の教科書はあるか

古市 この本に登場してもらった社会学者でも、社会学を選んだ動機が、個人の実存と関係している人が多いように思いました。これは、社会学に特有の傾向なんですかね。

鈴木 実存で学問を選ぶ人は、どこの分野にもいます。だけど、実存的な問いがそのまま研究に接続されるところが、社会学の特殊性じゃないですか。

仮に、お金を愛してやまない人が経済学者になっても、そのことで経済学の理論的前提は覆《くつがえ》らない。でも社会学だと、学生時代に異性にフラれて辛かったのはどうしてだろうという実存的な問いが、そのままジェンダー論に接続されうる。それだけに、一人ひとりの依《よ》ってきたる来歴や実存的な関心が、その人の主張に及ぼす影響やバイアスが大きい。

まあ、悪く言うと、そのせいで社会学はインチキ学問にも見える。それが一方で、一人ひとりの個性が生きる学問になっている気もするんだよね。

もちろん、完全に個人の職人芸というわけじゃなくて、一〇人いたら一〇人が同じことを言う普遍的な側面と、その人だからこそ見えてくる社会を、広く伝わる言葉に変えていくという特殊な側面の両方を併《あわ》せ持っているのが社会学の特徴のように思うけど。

古市 だから、研究の幅も広くなるということですか。

鈴木 そうだね。しかも、そうした様々な研究を体系的にまとめようとする人もいないでしょう？ たまにいても、「お前に全部説明されたくないよ」という人が多いのも、社会学の面白いところです。

古市 たしかに、「これさえ勉強したら社会学がすべてわかるよ」という本って、あまりないですよね。

でも、パーソンズとかルーマンは、体系だった理論を作っていませんか。

鈴木 いや、彼らは社会の原理を体系立てて説明しようとしているのであって、社会学の体系を説明するとは言っていない。

古市 なるほど。やっぱり社会学をすべて説明するのは無理なんですか。

鈴木 単純に幅が広すぎて、カバーしきれないんですよ。

でも、一時期のアンソニー・ギデンズは、それにかなり近い仕事をしていました。実際、ギデンズの『社会学』という教科書は、社会学のあまたの研究領域をカバーしようという関心にもとづいて書かれている。

古市 ギデンズはとにかく何でもまとめたがる人ですよね。

鈴木 翻訳版（而立書房）も出ているんだけど、ぜひ英語で書かれている原著の『Ｓｏｃｉｏｌｏｇｙ』を読んでほしい。フルカラーだし、英語はノンネイティブにも読めるように書いてあるから、すごく読みやすいんです。構成も、身近なトピックから入って、基本的な概念はきちんと説明している。教科書としては、本当によくできているし、パラパラとめくるだけでも楽しい本です。

残念ながら、日本だと、このレベルの社会学の教科書が全然ないんだよね。教科書の位置づけも、学術書よりレベルが少し下の本という程度で考えられているから、学部生向けにはなかなか使えない。導入教育としては、後手に回っている感じは否めないですね。

古市 日本には、ギデンズのように社会学そのものを編集する社会学者はいなかった？

鈴木 昔は、体系化されたいい教科書がそれなりにあったんです。ただ、どれも「再帰的近代」や「後期近代」といった、近年の社会学でよく登場する概念が中心的な議論になる前の時代の教科書だから、現代社会の説明にはあまり使えない。

最近だと、長谷川公一さんなど四人で編集している『社会学』（有斐閣）が、そのあたりも押さえていて、いちばんまとまっていて評判もいいけど、網羅性は少し弱いかなぁ。たとえば計量調査の手法も取り上げていないし、宗教というトピックも出てこない。

まあ、ないものねだりになってしまうけど、できれば、経済学で使われている『マンキュー経済学』（東洋経済新報社）ぐらいの定番の教科書があると、それを叩き台に議論しやすいだろうなとは思います。

古市　じゃあ、日本の社会学の授業は、それぞれが違う教科書を使って、バラバラなことを教えているということですか。

鈴木　現状はそうですね。

古市　定番の教科書は作れないんですかね。

鈴木　なかなか難しいんですよ。古典のウェーバー、デュルケムから始めましょうということにはならないだろうし、「労働」や「いじめ」などのトピック単位で編集するにしても、それらを全体としてどういうストーリーに組み上げるかという話になると、ギデンズぐらい様々な分野に手を出して、なおかつ学界的にもオーソリティのある人が編集しないと、定番というところまでいかないでしょうね。

パブリック社会学の必要性

古市　教科書がないこととも関係するかもしれませんが、社会学って、学者によって研究していることはバラバラですよね。だから外から見ると、「社会学者は何を研究している人なのか」が見えづらい部分があると思うんです。

鈴木　その議論を整理したほうがいいよね。

アメリカ社会学会の会長だったマイケル・ブラウォイが、二〇〇四年に学会の講演で、こういう話をしているんです。

彼はまず、社会学の位置づけとして、二つの軸を設定する。

一つは、「学者集団のため／学者以外の集団のため」という軸で、もう一つは「テクニカルな手続き的知識／目的や価値を問い直す反省的な知識」という軸です。

次に、この二つを掛けあわせて、社会学を以下の四つの類型に分けるんですね。

①プロフェッショナル社会学……学者集団のためにテクニカルな知識を使う。

②ポリシー社会学……学者以外の集団のためにテクニカルな知識を使う。

③クリティカル社会学……学者集団のために反省的な知識を使う。
④パブリック社会学……学者以外の集団のために社会学の持っている価値を問い直すような知識を使う。

こうやって分類したうえで、これからの社会学には「パブリック社会学」が必要だというのがブラウォイの主張です。

そのパブリック社会学とはどういうものかというと、一般の人々に認知される実践であるというんです。現実の社会をうまく説明できる理論や経験的な研究を用いて、それを講義やメディア露出という形でアウトプットするわけですね。

アウトプットの受け手になるのは、学生や地域社会、宗教教団を含む「パブリック」な領域だと言います。ブラウォイはもともと労働研究出身だから、とりわけ新自由主義化で被害を受けるような人たち、日本で言えば不安定雇用に置かれた人たちのために、社会学の知識をもっとパブリックに使っていくべきだというんですね。

古市　その通りだと思いますけど、何か反論があったんですか。

鈴木　これがじつに世界的な大論争になったんだよね。ただ、彼に対する批判の大部分は揚げ足取りで、それを除くと、パブリック社会学は必要ないと言う人は少ない。そりゃそうでしょう、学問は社会に還元するものだから。

でもポイントは、パブリック社会学を独立して切り分けていいのかどうかということなんです。

たとえば、プロフェッショナル社会学とパブリック社会学を、それぞれ別の人が分業しながら、「パブリック社会学の専門家」が担うという形で理解するのが妥当かどうか。

たしかに、自分でちゃんとした研究をせずに、他人の研究結果を社会に還元するだけの人というと、学問的な信頼性は揺らぐと思います。でもそれに対する僕の意見ははっきりしていて、分業は妥当どころか「必要です」と言いたいんですね。三つほど理由を挙げておきましょう。

一つは、社会学はもともと、社会に自分たちの知識を投げ返すことが求められる学問だということ。

二つ目は、業界事情的な話になるけれど、厳密な手続きで研究をしていくプロフェッショナル社会学というのは、やろうと思ったら時間とお金が必要だということ。でも、たとえば公的な研究費一つをとっても、東大・京大に重点的に配分されているから、所属している大学によって研究リソースの格差が出てくる。だから、大規模な計量調査をやろうとすれば、それなりの大学に所属するか、そうした人たちとのコネクションがないとダメ、みたいなことになってしまう。

古市　予算が潤沢にある大学に所属しないと、プロフェッショナル社会学には携《たずさ》われないということですか？

鈴木　事実としてそういう傾向はあるんですね。あるいは、大学によって研究に対するサポートの姿勢も違っていて、学生の教育や、もっと言えば「面倒を見る」ことに多くの時間を割かなければいけない教員も多い。

多くの予算を必要とする厳密な研究をしなければ社会学とはいえない、というのは、あまりに権威主義的な発想だし、学生と一緒に大学の近隣を調査して、地域の課題を発見・解決したり、学生や地元の人々に自分たちへの理解が深まるような知識を提供する、まさに「パブリック社会学」と言うべき活動をしたりしている人もたくさんいる。社会学の価値は、海外のジャーナルに何本論文が掲載されたかといった指標だけで測られるようなものではないと思う。

三つ目はわかりやすい理由で、いまは研究の幅がどんどん広がりつつあって、自分の専門分野を追求しながら、同時にありとあらゆる分野を平均的に知っている人なんて、もうあり得ないわけ。だからこそ、大雑把でも仕方ないから、社会学という大きな枠で研究成果を捉えて活動する人がいないかぎり、どんどん個別の分野に細分化され、タコツボ化していってしまう。

古市　社会学の全体像を見渡したうえで、世の中に説明するような仕事が必要になってくるわけですね。

鈴木　そうです。だから、いま挙げたようなことを踏まえたうえで、パブリック社会学を専門に担う人を想定してもいいと思うんですよ。

パブリック社会学を担うのは誰か

古市　どういう人がパブリック社会学を担えばいいんでしょうね。

鈴木　「社会学者」を名乗る人じゃないと、パブリック社会学はできないかどうかは微妙だよね。僕はどちらかというと、限定しなくてもいいんじゃないかと考えています。

社会学って、物の見方や考え方のレベルでの「社会学っぽさ」があるから、政治学でも経済学でも、社会学的な思考を使ってパブリックに投げ返していくことはあっていいし、どんどんやってほしいと思う。
あるいは、ジャーナリストだって、もちろんいいですよね。
たとえば、アメリカ社会の分析で知られるバーバラ・エーレンライクのように、社会学的な見方を持ちながら多くの著作を発表しているジャーナリストも世界には数多くいます。

古市　エーレンライクは、『魔女・産婆・看護婦』（法政大学出版局）のような歴史研究から、『ポジティブ病の国、アメリカ』（河出書房新社）のような現代批評まで、「社会学者」のような仕事が多いですね。でも枠を広げることで、肝心の「社会学」が何かが見えづらくなりませんか。

鈴木　そうね。そこは、「社会学者」を名乗って、なおかつパブリック社会学の中心を担うような人がいたほうが、社会に対しても、社会学業界のためにもいいんじゃないかな。

古市　でも、社会学業界から見ると、やっぱりパブリック社会学を名乗るような人間はヨソ者扱いされる気が……。

鈴木　それは社会学にかぎらず、どの学問だって、タレント学者の内部的な評判がよかったことなんてないですよ。
理由は二つで、一つは「あいつ、目立ちやがって」というやっかみ。もう一つは、タレント学者の知見って、最新版にアップデートされていないことがけっこうあるから、個別の専門家から見ると、文句を言いたくなるんですよ。これはもうパブリック社会学を担う以上は、そういうふうに言われざるを得ないと自覚するしかない。

まあ、多少のやっかみは仕方ないし、知識的な批判はあってしかるべきだけど、社会学業界の人がパブリック社会学者を潰そうとするのは、自滅を招くだけなので、やめたほうがいい。社会学として外に魅力を発信していく人と、専門の研究をする人との間で、批判的なやりとりがきちんとあったほうが、社会学と社会の関係にとってはプラスになる。

社会学を形作った二つの流れ

古市　他の学問も、研究の成果を社会に還元する必要性はありますよね。社会学が社会に知識を投げ返す場合、その方法は他の学問と比べて何か違いがありますか。

鈴木　重要な質問ですね。それは、社会学はどういう学問なのかということと深く関わっています。

小熊英二さんも言っていたように、もともと社会学って、いままで言う新領域のような、あやふやな学問なんです。社会学の創始者と言われるコントだって、すべての学問を総合して自分が社会の全体を説明する体系を作るんだ、みたいなノリで社会学を名乗る。だから、学としてのアイデンティティにはつねに揺らぎがあるんですね。

具体的にどう揺らいでいるかというと、一方では、大学に社会学の講座を持ったり、学会誌を発行したりして、社会学としての独自のディシプリンや科学としての自立性をアピールしていく流れがある。社会学を折り目正しい科学的な学問にしたいという欲求ですね。ところが他方では、そうやって学問として内向きに閉鎖してしまって、内部だけでわかるボキャブラリーでしか研究しなくなっていくことに対して自己批判をし続けていくという流れもある。

代表的なのが「構造機能主義」というパーソンズの理論を「誇大理論」として批判し、学門の官僚制化に抗おうとしたチャールズ・ライト・ミルズです。

自己批判するような流れがなぜ生まれるかというと、社会学には近代化という大きな社会変動のメカニズムや、それが人々に与える影響を明らかにするんだという動機があったからです。つまり、学問の生まれからして、社会との関わりが深い。

古市　最初から社会とつながっているから、内にこもることに批判的になるわけですね。

鈴木　そうそう。まとめると、科学的な学問を目指す流れと、それにツッコミを入れるという二つの流れがトレンドを奪い合ってきたという歴史が社会学にはあるわけ。これが、プロフェッショナル社会学とパブリック社会学の源流です。

そこでいまの日本を考えると、文系の旗色が悪いせいもあって、どうしても前者のプロフェッショナルになろうというほうに傾いているように見える。そもそも、大学の学部が生き残ることすら難しいのに、パブリック社会学とか言ってられるかと。

古市　まずは自分たちの生き残りに必死なわけですね（笑）。

鈴木　でも、そういうプロフェッショナルに閉じこもらないことこそ、他の学問と異なる社会学の社会学たるゆえんでもあったわけです。

じゃあ、二つの流れをどう調停しましょうかというときに、さきほども名前を挙げたギデンズの、『社会学の新しい方法規準』（而立書房）が参考になります。

彼は、社会構造というものを、人々の行動の条件であると同時に、結果でもあるというんですね。「構造の二重性」というんだけど、簡単にいえば、人が社会をつくり、社会が人をつくるというループ関係がつねにあるということです。

そうすると社会学者だって当然、このループの中に入っているから、その外部には立てない。たとえば、古市君が『保育園義務教育化』（小学館）という本を出すことで、幼児教育の政策が変化すれば、その結果として親たちの行動も変わるわけです。

こういうループをふまえて、社会学者は二つの仕事をしないといけないとギデンズは言うんですね。

一つは、「異なる生活形式の解釈学的解明と媒介」。

難しい言い方をしているけど、わかりやすい例を挙げると、一日中スマートフォンでソーシャルメディアにアクセスして自分の投稿への反応を確かめている人が考えていることなんて、異なる生活形式で生きる人——そういうことをしない人——には、さっぱりわからない。それをときに、当事者すら意識していない部分まで解釈して説明し、別の生活形式の人たちへ媒介するということです。

もう一つが「人間が成し遂げた社会の生産と再生産の解明」。

これまたわかりにくいけど、たとえばグローバル化によってこのようなことが起こりますとか、再帰的近代化とはこういうものですとか、人間と社会のループ関係の中で起きている、大きな世界の動きを説明することだと考えればいいと思う。

これを僕なりに言い換えると、ネットだとか家族、地域、ジェンダーといった個別の事象の記述と、グローバル化、再帰的近代といった、それよりも一般化された説明との間を往還するのが社会学だということです。

『カーニヴァル化する社会』をはじめとする僕の著作でも、基本的にそういう記述構造になっているはず。

社会学の成果をどのように還元するか

古市　社会学者はいまの話をふまえたうえで、社会に提言する必要があるということですね。

鈴木　その通りで、いまの僕らは、後期近代とか再帰的近代という、大きな社会変動のまっただ中にいるわけでしょう。そのなかで職がないとか、家族がいないということで、生きづらかったり、不安になったりしている人がいる。

それを昔のように、終身雇用に戻せとか、家族は大事だとか言ったって、解決しないわけですよ。だったら、それに代わるような働き方なり生き方を模索する必要があります。社会学者の仕事には、そういう規範的な提言を社会に投げかけることも含まれているんです。

たとえば、経済学の処方箋の出し方って、「デフレから脱却したいならリフレです」みたいに、「もし～したいならば、～せよ」という条件付きの処方箋だよね。でも、その手前にある、人々がどうしたいのかという話は、解釈学的に踏み込まないと見えてこない。だから、社会学にしか手当てできない不安とか、あるいは社会問題があって、その知識をもっと市井の人々に受け渡していく仕事をする人が必要だろうというのは、切実に感じることですね。

古市 社会変動と規範が切り離せない以上、客観的にわかっていることだけを社会に投げ返すことには限界がある。それだけではなく、「こうやって生きたらいい」とか「こういう社会にしたほうがいい」という規範的な提言も含めて社会に還元するところに、社会学ならではの貢献があるということですか。

鈴木 そう。社会変動が大きいからこそ、社会学の成果や資源は、もっとパブリックに活かされなくちゃいけないんですよ。

そういう仕事はこれからもっと増えるだろうし、社会学が学問として生き残りたいならば、そこに積極的にコミットしていくべきだろうと。

もっと古市君を活用しなさい

古市　いま言ったようなことができる社会学者って、現実にいますか？

鈴木　必要かどうかという話と、それをできる人がいるかどうかはまた別の話だからね。

ここまでの対談に登場している社会学者って、だいたい皆さん五〇代とか六〇代とかで、言ってみれば、第二の近代や再帰的近代がもたらす不安に対して、理屈はもちろんわかっているけれど、肌感覚で感じられる人たちじゃないんです。つまり、解釈学的な踏み込みという点では、言われればわかるかもしれないけど、自分でそこに踏み込んでいけるほど、リアリティを持てていない気がします。

でも、いまアラフォーぐらいの世代だと、何が不安で、そこにはどんな解釈学的な解明が必要とされているのかということに、肌感覚でピンと来る。だから、これからのパブリック社会学を担うのは、中堅から若手の仕事になる。場合によっては、社会学の大学院を出て一般企業に就職するような人の中からも出てくるかもしれない。

古市　パブリック社会学を担ううえでは、リアリティが肌感覚でわかるということがすごく重要なんですね。

鈴木　それがないと、解釈学的な踏み込みができないからですよ。解釈学的に踏み込んでいく場合、最初の一歩はどうしても肌感覚を伴う当事者的リアリティが必要なんです。

古市君の『希望難民ご一行様』を読んだときに、この人の踏み込み方は独特だと思ったし、この踏み込み方ができる人は、どこに行っても同じ感じでずけずけ踏み込んでいけるから、今後も面白いことをやるだろうなというのが読んだ瞬間にわかった。それで、僕がメインパーソナリティをしている『文化系トークラジオＬｉｆｅ』という番組にも、すぐに呼んで出てもらったんです。

古市　でも、自分がリアリティを感じられる分野ってかぎられませんか。最初は肌感覚で踏み込めても、テーマが変わったら、うまく踏み込めないような場合もありそうです。

鈴木　そうだと思いますよ。

でも、センスというと誤解されるけど、社会学的な踏み込みのパターンに慣れている人だと、自分にリアリティのある分野でなくても、踏み込めているかどうかの判断はできるはず。

そういう踏み込み方を示すような本が、最近は少ないですよね。僕が宮台真司の本から学んだのは、その思考や研究の内容以上に、現場への踏み込み方のパターンなんですよ。ある事象があったときに、俺はこう踏み込んで解釈するっていう、その間合いみたいなものは、宮台さんの本から多くを学んだと思います。

古市　どうして、最近はそういう本が少ないんでしょうか。

鈴木　ないわけじゃないんだけど、踏み込み方がヘタクソだったり、逆にプロフェッショナルに寄りすぎて、まだまだ踏み込めるのに抑制しているように思います。若手の就職が厳しいことが背景にあるんだろうね。

古市　抑制すると、結局つまらない本になりますよね。でも、それこそ肌感覚でいえば、ここ最近、社会学者はどんどん内向きになっているように感じます。

鈴木　まあ、このへんで結論めいたことをいえば、だからこそ古市君には、パブリック社会学を担う社会学者としての立ち位置をもっと活かしてほしいわけです。対談で出てきた社会学者の皆さんは、古市君に「好きにおやりなさい」みたいな感じだったけど（笑）。

古市　まあ、大御所が多かったからですかね。僕がパブリック社会学に何かの貢献ができるとすれば、これからどうしていけばいいと思いますか。

鈴木　もっと業界と外とのブリッジングを強めることを考えればいいんです。たとえば、プロ社会学からの「社会学をもっと勉強しなさい！」みたいな批判を逃げずに正面から受け止めつつ、そこでの勉強をもとに、アイドルや俳優と対談するような「マージナル・マン（境界人）」としての役割を意識的に引き受けていくということ。

もちろん、プロの社会学者も、もっと古市君を利用すべきですね。

古市　それは本当に思います。もっと、使ってくれればいいのに。

鈴木　だって、この数十年、テレビのバラエティに出るのみならず、政権に呼ばれたり、首相夫人と仲よかったり、サミットのロゴを選ぶ仕事をするような社会学者なんていなかったんだから（笑）。

そのレベルでパブリックにアクセスできる社会学者を名乗る人物を、「社会学」がより正しく社会に浸透する方向に利用する必要があるんですよ。

橋爪大三郎先生に「社会とは何か」を聞く！

Daisaburo Hashizume

橋爪大三郎（はしづめ・だいさぶろう）1948年神奈川県生まれ。東京大学大学院社会学研究科博士課程単位取得退学。1995～2013年、東京工業大学教授。専門は理論社会学、宗教社会学、現代社会論など。著書に『はじめての構造主義』（講談社現代新書）、『言語ゲームと社会理論』（勁草書房）、『性愛論』（岩波書店）、『世界がわかる宗教社会学入門』（ちくま文庫）、『世界は宗教で動いてる』『教養としての聖書』『戦争の社会学』（以上、光文社新書）、共著に『ふしぎなキリスト教』（講談社現代新書）など多数。

橋爪大三郎先生について

『橋爪大三郎の社会学講義』（ちくま学芸文庫）に書かれている「社会学」に関する説明は、非常にわかりやすい。この本をネタ元にして、「社会学」を学生に説明している社会学者も多いと思う。

橋爪さんによれば、社会学とは名前の通り「社会」を研究する学問である。しかしそのような学問はたくさんある。社会学と他の学問はどう違うのか。

たとえば政治学は「政府の行動を研究する学問」、法学は「裁判所の行動を研究する学問」と考えることができる。このように社会の一部に注目するのではなく、「社会」全体を研究しようとするのが「社会学」だという。

そのうえで橋爪さんは、「社会」とは「人間と人間の関係」だという。しかし「関係」は目に見えない。このやっかいな対象と格闘してきたのが「社会学」である。

しかし社会学の歴史は一世紀あまり。その意味で、完成された学問というよりも「ものの見方」だという。だが社会学にできることは多い。社会は人間の行為の産物なのだから、いつだってオルタナティブは存在するはずだ。橋爪さんによれば「社会が別なようでもありうることを、もっとも信じやすいのが社会学者」であるという。

橋爪さんは、この説明を実践するように、あらゆる「社会」の研究に取り組んできた。宗教、教育、戦争など、カバーする領域は広い。

そして橋爪さんの著作には、入門書が多い。初期のヒット作『はじめての構造主義』をはじめとして、『世界がわかる宗教社会学入門』『戦争の社会学』などは、一冊読むだけで、その分野の概要を知ることのできる親切な本である。

それは、橋爪さんの本が「見通しの良さ」を重視しているからだと思う。

初期の論文集『仏教の言説戦略』（勁草書房）で橋爪さんは、自分の目指す流儀は「モデルを呈示すること」だとしたうえで、「不思議な現象が目につくと、それを簡単に説明できそうなモデルを、どうしても自分でみつけたくなる」と述べている。

だから、どんな題材も橋爪さんにかかれば、「わかりやすく」なる。その意味において、入門書であることと、本格的であることが両立しているのだ。

橋爪さんには、この対談で初めてお目にかかった。何を聞いても、すぐに鋭い答えが返ってくる。その鋭さを見せつけられて、「社会」を研究対象とすることも悪くないなとあらためて思うようになった。

「社会とは何ですか」という問い

古市　この本では、社会学者の皆さんに「社会学って何ですか」という質問をしてきました。橋爪さんは、「社会学って何ですか？」と聞かれたら、どんなふうにお答えになりますか？

橋爪　社会学はフワフワしている、とよく言われる。どうしてフワフワしているかと言うと、「社会学とは何ですか」という問いよりも、もっと本質的な「社会とは何ですか」という問いを、飛ばしているから。

古市　なるほど。ではあらためて聞き直しますね。社会というのは何でしょうか？

橋爪大三郎
×
古市憲寿

「社会とは何か」
について
聞いてみました

橋爪　それはね、みんな知っているはずなのです。だってみんな、社会を生きているんだから。

古市　たしかに「社会」は日常的に使う言葉ですよね。「日本社会」とか言いますから。じゃあ、日常語で使う「社会」と、社会学者が使う「社会」は、ほぼ一緒と考えていいですか？

橋爪　同じでなければ、社会とは言えない。だから同じでなければならない。もっとも、一般の人びとは、「社会」という言葉を覚えて社会を生き始めるようになっても、特に社会について、それ以上深く、抽象的に考えたりせずに一生を送ることができる。

古市　たしかにそうですね。言葉は知っているけれど、「社会って何だろう？」という問いは、ふつうの日常生活からはあまり出てこない。

橋爪　問いはなくても、生きているうちに、だんだん答えがわかってくるのです。でも、一人の体験しうる範囲は小さいのにひきかえ、社会はそれよりずっと大きいことになっている。なので、自分の体験を「超えた」ものとしての「社会」は、わからない。

古市　社会の全貌を掴《つか》むことはできない？

橋爪　できない。みんなの体験が集まったものの全体を「社会」と名づけてもいいのだけれど、ふつうに生きていても、その全体はわからない。じゃあ、誰か全体を見ている人がいるだろうということで、社会学者がそれを知っていることになっている。

「社会科学」と同時に「社会」は誕生した

古市　いつから研究対象としての「社会」は誕生したんでしょうか。

橋爪　「社会科学」の誕生と同時なのです。

社会科学というのは、政治学や経済学、社会学の、総集編としての名前ですね。

一番初めにできたのは、政治学。政府って何だろうとか、政府が法律をつくったら、なぜみんな従わなきゃいけないんだろうとか、そういうことをみんなで考えた。それらをまとめて「政治学」とよんだわけ。

次に、市場がだんだん一般的になるにつれて、経済学ができてきた。

政治学と経済学ができたあと、政治学も経済学も扱わない「社会」というものがあるじゃないかという話になって、社会をまるごと考察する社会学が誕生する。

こういう一連の学問ができていくなかで、その総集編として、社会を科学的に研究する「社会科学」という名前ができたわけだ。

科学はね、対象がなければならない。対象がないのに科学することはできない。社会について科学的に考えようという人がいることと、科学的な研究の対象としての社会があるという信念とは、だから同時に成立するんです。このときに「社会」という概念が誕生したことになる。

古市　政治学も経済学も、社会を対象にしているんですよね。

橋爪　そう。政治学は、社会のなかの政治を対象にし、経済学は社会のなかの経済を対象にする。残りは何かというと、都市、農村、共同体、宗教、家族、犯罪、……などいくらでも出てくるでしょう。それに一つずつ学問をつくっても大変なので、残りは社会学にした。これで社会科学は、社会を全部覆《おお》っている、ということにした。

古市　でも、そこで、それこそ家族学とか都市学とか、いろいろな分野の学問が成立してもよさそうなのに、なぜ全部を見ようという発想になったんでしょうか？

橋爪　全体を見ていると思いたいからですね。

古市　それは一般の人びとの欲望ですか？

橋爪　はい。誰かに社会の全体を見ていてほしい。それを社会学者がやっているんだろうと思って、みんな安心するわけです。

飼い猫と、野良猫

古市 実際、社会学者が社会の全体を見ることができているんですか？

橋爪 できていませんね。

古市 それはそもそも見ることができないのか、それとも社会学者の怠慢《たいまん》ですか。

橋爪 怠慢というより、習慣ですね。

古市 習慣？

橋爪 社会学者はね、社会学者という社会の中で生きていかないといけないわけなんです。

古市 社会学者の社会って、たとえば学会とかですか？

橋爪 狭い意味では学会だけど、アカデミズムの中で生きている社会学者の集合ですね。これはとても小さい。そこの正規のムラ人となって、馬鹿にされず、尊敬されて、給料も貰《もら》いつつ一生を送ることが社会学者だとすると、社会について科学的に考察することは、必要条件でもないし、十分条件でもない。実社会に出ていないから、大学のことしか知りません、みたいな人が社会学者の半分以上だな（笑）。

古市　それでいいんですかね。しょうがないんでしょうか。

橋爪　しょうがなくはあるが、いいとは言えない。

古市　じゃあ、本来の意味での社会学者といえる人は、大学で職を得ている社会学者ではなく、違う肩書きで働いている可能性もあるということですか。

橋爪　そうです。

でもそういう人は、本職があるから、忙しいんです。忙しいので、ふつうは社会学のことまでできない。だけど稀に、強烈な才能を持って生まれてしまった人が、社会学者の看板をかかげるとは限らずに、実質的に社会学の仕事をしてしまう場合がある。

古市　たとえば誰ですか。

橋爪　日本で言えば、山本七平とか、小室直樹とか、小林秀雄とか、吉本隆明とかいった人びとです。

古市　そういう人に、大学に所属している社会学者は負けているんですか。

橋爪　勝ち負けの問題ではないな。飼い猫と野良猫の関係に近い。

古市　なるほど。でも、両方、存在していいということですよね。

橋爪　野良猫がいるから、飼い猫が要らないとは言えない（笑）。

古市　野良猫かあ。面白そうですね、自由で。

橋爪　けど、あんまり勧めないなあ。ご飯があるかどうか、わからないんだよ。

古市　たしかに飼い猫向きの猫もいますからね。

橋爪　たいていの猫はそう。

古市　でも、野良猫のほうがやっぱり、楽しそうです。

橋爪　そういう人はなればいいんだよ（笑）。

社会を学ぶための最良の学問は社会学ではない

古市　専門的なトレーニングを積まなくても野良猫の社会学者になれるなら、大学院で社会学の文献を読んで、ゼミに出て論文を書くことにどんな意味があるんですか？

橋爪　学問にはしきたりがあるんです。

学問は対象というよりも、方法で決まっているんですね。

たとえば社会学者以外はあまりやらないこととして、アンケート調査やマクロデータ（人口統計や職業統計や犯罪統計や……）の分析がある。社会学者になるのなら、実証系の人はだいたいそういう訓練をするし、自分で実証をやらない人も、実証系の論文を読まなきゃいけないから、社会調査やマクロデータが何かということは、わかってなきゃいけない。これはしきたりです。

あと、もうひとつの共通ルールとして、社会学者なら読んでいて当然というクラシックスがある。それを読むと、考え方や語彙《ごい》が共通するから、ディスカッションができるようになる。逆に言うと、ジャーゴン（業界用語）を覚えるから、バカなことを言っても素人にばれないという、シェルターの機能も果たすわけだけど、とにかくそれがプロの証しだな。

古市　社会学のしきたりを大学や大学院で学ぶことは、何かの役に立ちますか。

橋爪　それは役に立つ。というより、それすらしなければ、ただの素人だから、言ってることがメチャメチャになってしまう。でも、しきたりを守るならば、その人が言ってることは嘘ではないことになり、第三者に対して利用可能性が出てくる。そういう意味で役に立つから、共同作業が可能になり、社会学という学問が機能するのです。

古市　ただ、たとえば橋爪さんの『面白くて眠れなくなる社会学』（ＰＨＰ研究所）という本を読むと、ジャーゴンもほとんど使わないし、古典にも頼らないで、この社会のことを説明しようとしているという印象を受けました。

橋爪 ジャーゴンは使ってないけど、古典には頼ってますよ。私一人が考えたことでは全然ない。

古市 でも、一般の社会学の教科書とはだいぶ違います。

橋爪 どこが違いましたか？

古市 たとえば入門書や教科書の定番のパターンは、ウェーバーはこう、デュルケムはこう……というふうに、過去の有名な社会学者が何をしたかということが書かれていますよね。

橋爪 そうそう。クラシックスを読むことが社会学のしきたりだから、そうなる。

古市 そういう中で、橋爪さんの入門書は、もっと現実的というか、憲法、資本主義、家族、結婚といった具体的なテーマに則して、しかも現実の事例を挙げながら説明している点が印象的でした。

橋爪 なかなか、よく読んでくださってますね。

いまの話は今日の冒頭の話とつながってくるんですね。

古市 どういうことですか。

橋爪 社会を考えることが、そもそもの最初だということ。その後に「社会学とは何ですか」という勉強がある。

古市　とすると、社会を研究するための一番いい方法は、社会学とは限らないということですか？

橋爪　その通り。私はまったくそう思っていない。

古市　へぇ！

橋爪　だって社会という全体のなかで、政治、経済、法律、といいところは先に取られちゃっているでしょう。その残りものが社会学だとしたら、残りを寄せ集めて、社会の全体になりますか？

古市　そうか。残りものだけを勉強してもしょうがないということですね。

橋爪　そう。社会学を学ぶなら、残りものを勉強しないのは困る。だけど、それでいいと思っちゃいけない。

古市　政治、経済や法律を同時に勉強する必要があるということですね。

橋爪　それらは社会の骨組みでしょう。そういう知識がなくては、社会のことなんてわからないんだ。

古市　だから橋爪さんは、残りものだけを教えるのではなくて、まず社会に関する具体的なことを教えるんですね。

橋爪　そうそう。私の読者のなかで、社会学者になろうなどという人はごくわずかで、多くは、健全な社会人になろうとか、社会のことをわかったうえで立派な人生を歩みましょうとかいう人びと。社会学者を育てる本ではないので、社会のいちばん大事なことをまず教える。

社会学者は境界を越境する

古市　そもそも橋爪さんは、なぜ社会学を学ぼうと思ったんですか。

橋爪　高校生のときに、大学に行くならどういう学科がいいかを調べているときに、社会学を発見したんです。社会を生きることと、社会を考えることがいっぺんにできる。一度の人生が二度おいしい。これは、私のための学問じゃないか、と思って。

古市　高校生のときに、何か社会学の本を読んで、その説明がストンと落ちたんですか。

橋爪　そうです。図書館の本棚って、日本十進分類法に従って本が並んでるでしょう。それを順番に見ていった。社会心理学が面白そうだったけど、本を見ると当時の私にはチョロく見えたんだ（笑）。それで次の社会学を見ると、多少骨がありそうだった。それで東大出版会から出ていた『講座社会学』というシリーズ全一〇巻をすべて読んだんです。

古市　高校時代にですか⁉

橋爪　うん。そうしたら、今から考えると東大出版会から出ているんだから当たり前だけど、著者がだいたい、東大の社会学科の先生だった。だから、そこに行けばいいかなと思ったわけ。

古市　想像していた社会学と、いざ大学で出会った社会学は違ってましたか。

橋爪　期待はずれだった。ある程度覚悟はしてたけどつまらないし、先生たちもあまりシャープな感じがしなかったし。

古市　辛辣《しんらつ》ですね（笑）。橋爪さんは大学院生のときに、小室直樹さんのゼミに出ていたんですよね。それは小室さんが教えることがおもしろかったのか、それとも小室さんという人がクレバーで、感銘を受けたのか、どんな感じだったんですか。

橋爪　両方ですけれど、小室さんが教えることが、私にとって大事だと思った。ただし、社会学はほとんど教えてくれなかった。

古市　小室ゼミでは何を学んだんですか。

橋爪　数学、経済学、統計学、政治学、人類学、宗教学、などかな。

古市　じゃあ橋爪さんは、高校時代に社会学を学び終えてしまったということですか。

橋爪　いや。『講座社会学』に書いてあることは、高校のときに理解したけれども、そこから先は、社会学だけを学ぶと限界生産性が落ちると思った。投下エネルギーに比べてリターンが少ない。だから、社会学以外のものを勉強しなくちゃいけない。

過去の重要な社会学者も、みんな境界を越境して、ほかの学問からいろんなものを仕入れてると思わない？

古市　たしかに、ウェーバーも経済学者と紹介されたり、政治学者として紹介されることもありますね。

橋爪　ウェーバーが読んでいたもので、社会学の本なんかほとんどないんですよ。彼は経済、宗教、音楽の本まで書いていて、何でもやっている。社会学で一番オーソドックスなウェーバーだって、アウトプットは社会学だけど、インプットはほとんど社会学じゃないんです。

デュルケムだって、人類学みたいなことをやったり、自殺の統計をやったりと、ほとんど行き当たりばったりにいろいろやってるでしょう。これが社会学者として当たり前の姿なんだけど、社会学ムラができると、社会学の古典を読むことが社会学になってしまった。つまり社会から切れてしまって、社会学を学べばいいという態度になるわけです。

天才の仕事から何を学ぶか

古市　社会学以外の勉強をするときに、どういう基準で本を選べばいいんでしょうか。

橋爪　天才だと思う人の本を読む。

修士論文でレヴィ＝ストロースを勉強してわかったんだけど、相手が天才だと真似ができない。そのアイデアを、私が思いつく可能性はゼロなんです。だから、どうしてもその本を読まなきゃいけない。

古市　橋爪さんが天才と思う人って、レヴィ＝ストロース以外だと誰がいますか。

橋爪　ウィトゲンシュタイン、ウェーバー、マルクス。ほかにも大勢いるけれど、社会学に直接関係があるのはこの四人かな。

古市　そういう天才の仕事と比べてしまうと、同時代の社会学ムラの論文には関心が向かなかった？

橋爪　それは予想の範囲内だからです。ポストコロニアリズムが流行ると、それを場所を取り替えてやってみましたとか。三〇年代の研究をした後に、今度は二〇年代でやってみましたとか。そういうのなら、いくらでも論文を生産できるわけだ。

古市　だったら、天才の仕事に触れたほうがいいということですね。

橋爪　そうそう。そのほうがよほど触発される。

古市　でも、天才に心酔するだけの社会学者というのもいますよね。かってはパーソンズ、最近だとルーマンに影響を受けて、ルーマンになりかわって、いろんなことを分析しましたという人がけっこういます。

橋爪　そうじゃなくて、「ルーマンは何に直面していたか」ということが大事だと思うんです。ルーマンがかっこいいと思って、ルーマンの真似をする人は、シャドーボクシングなんだね。でも、ルーマンはシャドーボクシングじゃなくて、本当のボクシングをやっていて、相手がいる。相手と、勝つか負けるかの勝負をしている。だからルーマンの真似をするんじゃなくて、ルーマンになりかわってその相手と格闘するのならまだ許せる。

古市　シャドーボクシングにあまり意味がないとすれば、天才の仕事から何を学べばいいんですか。

橋爪　レヴィ＝ストロースの戦いを見て、彼がやり残した課題を受け取るということ。レヴィ＝ストロースが勝った部分はもちろんすばらしい。だけど、負けているところがあったら、それを課題として受け取ることが大事なんです。

古市　なるほど。天才が何に勝てなかったかを意識して本を読むというのは面白い。でも多くの人は、そういうふうに読んでいないのでは？

橋爪　それは、ファイティングポーズがないせいです。ファイティングポーズがないと、フーコーを勉強しても、フーコーが勝ったところだけを受け取ってしまう。フーコーが負けたところを受け取って、仕返しをしてやろうと思ったら、ファイティングポーズになるでしょ。フーコーが友だちだと認めてくれる人って、そういう人ですよ。

たとえば古市さんのファンみたいなのがやってきて、すばらしいですねとかチヤホヤしながら真似されるのは、うざくない？

古市　うざいです（笑）。いてもいいけど、いなくてもいいです。

橋爪　社会学者としてやっていくなら、だから、ウェーバーやフーコーにそう思われないように、ファイティングポーズを取らなきゃいけない。

古市　ファンにならずに、友だちになるように古典を読むと。

橋爪　そのとおりです。

言語ゲームで宗教を分析する

古市　橋爪さん自身は天才の仕事を学んで、どういうファイティングポーズを取ってきたんですか。

橋爪　ひとことで言えば、社会と戦っているわけです。社会を解明したいから。

古市　じゃあ一般理論を作りたいと？

橋爪　一般理論を作ることと、日本社会という特殊な空間を普遍言語に置き換えることとを、同時にできないかといま思ってますね。

古市　ここ最近は宗教に関する研究や仕事が多いですよね。それはこれからやろうとしていることと、何か関係がありますか。

橋爪　もちろんある。宗教というのは、人間の思考と行動についての普遍的なモノサシなんです。それを当てると、日本のゆがみや、ひずみが測定できる。だから宗教社会学は、一種の準備です。

古市　その発想はどういうふうに生まれたんですか。

橋爪　もともとはウィトゲンシュタインの「言語ゲーム」という考え方を、社会学に使えないだろうかと思った。それで実際にヨーロッパ社会を分析すると、あまりに当たり前だった。

古市　当たり前というのは？

橋爪　言語ゲームだって、ヨーロッパの哲学的伝統から生まれたアイデアなんだから、言語ゲームとヨーロッパ社会は対応部分が必ず見つかる。

ならば言語ゲームが普遍的な考え方であることを証明するためには、ヨーロッパじゃない系統の社会を明らかにしなきゃダメだと思ったんで、直感的に仏教だと思った。それで、仏教を分析してみると、私なりに分析できた。

古市　ということは、もともとは宗教そのものに対する興味というより、ウィトゲンシュタインの言語ゲームを使う分析対象として、宗教を選んだということですね。

橋爪　まあ、そう。でも宗教というのは、社会学の対象としてはもってこいなんですね。

社会がフワフワしていると、みんな困ってモノサシが欲しいと思う。そのモノサシがあっちの社会やこっちの社会で、自生的にできあがる。それが一神教だったり、カースト制度だったり、儒教だったりするわけ。

そうやって考えると、キリスト教と社会学って、どちらもフワフワとした社会にモノサシを当てるという点でよく似ている。キリスト教は一人ひとりの罪深い人間が正しく生きるように、社会学はフワフワした社会をより客観的に認識できるように、それぞれモノサシを当てる。狙っているところは違うけれど、フワフワをカッチリさせようという動機はよく似ているんです。

人類の普遍性に知識を開く

古市　だとしたら社会学者というのは、社会の中で教祖なのか、それとも一信者なのか。どういう位置づけになるんでしょう。

橋爪　そういう意味で言えば、ムラ人だから、いくらエラそうにしてもムラからは出られないんですね。

古市　社会学を極めたところで、別に教祖になれるわけではないんですね。あくまでムラ人として、今、自分たちを取り巻いている宗教が何なのかを分析するということですか。

橋爪　でも、ムラ人がムラから出られないんだと認識したら、その認識はムラをはみ出ていると思わない？

古市　たしかに、ここがムラだということも意識していないムラ人とは違いますね。

橋爪　そうそう。社会学って、その程度の機能はあるんだ。

古市　逆に言えば、それ以上の機能はあんまりないということですか。

橋爪　いや、他のムラにも同じようなことを認識している人がいるんだね。すると、はみ出た人同士が遭遇したときに「なんだ、あなたも同じことを考えているのか。やっぱりどこでもそういうことあるんだよね」と話ができるわけだから、そこで一つの普遍性が現われてくる。

古市　なるほど！　橋爪さんが宗教社会学を熱心に研究する動機がわかった気がします。いまのムラの話を個々の宗教と考えればいいんですね。

橋爪　そういうこと。社会学とキリスト教社会は似ているから、社会学でキリスト教をきれいに分析できるのは当たり前なんです。だから、そもそも概念が違うインド社会や中国社会、日本の社会をきれいに分析できて、初めて社会学は自立できると思ったわけ。

そうすると、ヨーロッパ系の社会学がつくった基本語彙は、ヨーロッパというローカルな文化に汚染されているから、普遍的認識の道具として使うには不十分なのです。

古市　実際、不十分だったわけですよね。

橋爪　それは今後、明らかにしていくことですけれど。

かつて構造主義にコミットした人間としては、ヨーロッパ文化のローカリティというものを克服して、人類の普遍性に知識を開いていかなければならない、と言いたいところです。それが構造主義の基本的動機なんだから。

古市　じゃあ、いよいよ準備段階を終えて、この先本格的な研究にとりかかるんですね。これまで発表されている論文や書籍はあるんですか？

橋爪　ほとんどない。

古市　じゃあ、本当にこれから？

橋爪　そうです。

古市　何年ぐらいかかりそうなんですか？

橋爪　わからないなあ。三〇年ぐらいかかるかもしれない（笑）。途中で死んでしまったら、続きは、ほかの誰かがやればいいと思う。

吉川徹先生に
「計量社会学とは何か」を聞く！

吉川徹（きっかわ・とおる）
1966年島根県生まれ。大阪大学大学院人間科学研究科博士課程修了。現在、大阪大学大学院人間科学研究科教授。専門は計量社会学、特に計量社会意識論、学歴社会論。SSP プロジェクト（総格差社会日本を読み解く調査科学）代表。主な著書に『現代日本の「社会の心」』（有斐閣）、『学歴と格差・不平等』（東京大学出版会）、『学歴分断社会』（ちくま新書）、『階層化する社会意識』（勁草書房）、『学歴社会のローカル・トラック』（世界思想社）などがある。

吉川徹さんについて

吉川徹さんは、この本の中では珍しく、計量社会学を主戦場とする社会学者だ。計量社会学とは、統計的なデータ解析をメインとする社会学である。社会学は国ごとに流儀の違いがあるが、アメリカでは計量社会学の研究が非常に盛んである。

日本の社会学というと、見田宗介さんの「文学」的ともいえる作品群、宮台真司さんのようなフィールドワークを主とした研究が有名になりがちだが、実際にはそんなことはない。社会学のどの分野でも、地道な計量研究が蓄積されてきた。

その中で、吉川さんは少し珍しい計量社会学者である。統計的なデータを用いつつ、この社会の「感触」や「実感」をうまく研究に織り込もうとしているのだ。

吉川さんは『現代日本の「社会の心」』の中で、「調査データの裏づけのある現代社会論は、往々にして『そんなことならば、すでに誰でも感じている』というような、自明のストーリー展開で語られがち」と、ある種の身内批判をする。そう、本当に「計量」と名の付く論文って「そんなこと知ってたよ」って研究が多いんだよね。

同時に吉川さんは、「量的データに目配りをせず、小さな観察と誇大な思弁を頼りに『今の日本社会は〇〇だ』という調子で語られる現代社会論」も批判する。ああ、「絶望の国」

とかタイトルに掲げちゃう本とかありましたよね。

そのうえで吉川さんは、きちんとした統計的なデータを用いた、まっとうな現代社会論を試みる。「たしかさ」と「おもしろさ」を両立させようとするのだ。その試みが成功しているかは読者が決めることだろうが、少なくとも『現代日本の「社会の心」』は計量社会学の入門書として最適な一冊だと思う。

ある人は吉川さんを「会社の社長みたい」と評していた。計量研究は大人数でチームを組むことが多い。そのリーダーをたびたび務めていることもあり、たしかに吉川さんは「会社の社長みたい」だ。

人望もあり、弟子筋にあたる研究者からも広く尊敬されていると聞く。研究者というと、つい「世間知らず」という形容詞が付きがちだが、じつはチームを組んで行われる研究も非常に多いのだ。

僕はこの対談で初めて吉川さんに会ったのだが、たしかにできるビジネスマンという雰囲気。東京に来るとよく皇居ランをしているらしい。体型もしまっているし、さすができる大人である。

吉川徹×古市憲寿

「計量社会学とは何か」について聞いてみました

計量社会学とはどういう学問か

古市　いつもと同じ質問から入りますが、吉川さんは「社会学って何ですか？」と聞かれたら、どういうふうに答えますか。

吉川　これまでの対談を読ませてもらいましたが、びっくりするぐらい、皆さん同じポイントを押さえていますね。

大きく言うと二つあって、まず社会学は、政治学や法学、経済学など他の社会科学がカバーしていない残余の領域を研究する学問だということ。もう一つは、誰もが日常的に知っている「世の中」を研究対象として、そこに生活者の目線で見えているのとは違う事実が隠れていることを説明するのが社会学者の仕事だということです。

古市　吉川さんが専門にされている「計量社会学」は、どういう学問なんでしょうか。

吉川　僕ら計量社会学者が何をするかというと、全国津々浦々で普通に生きている人たちに、暮らしぶりや考え方についてのさまざまな質問をする。そうやって得られた何千人という規模のデータを統計的な手法で読み解いて、社会全体がどのような状態にあるのかを測量するわけです。

　じゃあなぜ、全国の大量のデータを分析するのかというと、日常的な経験では、物の見方がどうしても「虫瞰的《ちゅうかん》」になってしまいます。計量社会学のメリットは、「鳥瞰的《ちょうかん》」に、つまり上空の高い地点から広い視野で社会全体を見ることができる点にあります。

古市　吉川さんが書かれた『現代日本の「社会の心」』という本では、「社会の心」が主題とされていますね。社会学の言葉では「社会意識」と呼んでいるもので、本の中では「人々が世の中をどうみて、そこから何を感じ取っているかを大きな視野でみたもの」と説明されています。

「社会の心」を歪《ゆが》みなく把握するには、社会調査のデータの動きを知ることが欠かせないと書かれていますが、そもそも「社会の心」を知ることの意義って何でしょうか。

吉川　たとえば学生だと、「社会の心」と「社会の仕組み」とを、渾然《こんぜん》一体として考えがちなんですよ。でもこの二つは、ソフトウェアとハードウェアのように別々のものとして考えるといいと思うんです。

たとえば、政治制度や経済、人口、産業など、誰から見ても明らかな「社会の仕組み」はハードウェアです。このハードウェアを作動させているのが、ソフトウェアである「社会の心」です。

このソフトウェアは特定の誰かがつくっているわけじゃないから、どういうソフトが作動しているのかは調べてみないとわからない。

じゃあ、「社会の心」を知ることがなぜ重要かというと、これが現代社会の基本ＯＳみたいなものだからです。

古市　基本ＯＳというのは？

吉川　たとえば、家族形態や経済行動、あるいは投票行動にも時代の流れというものがあります。こうした時代の流れは、「社会の心」という基本ＯＳに乗っかってできている。

だから具体的な社会事象を分析するためには、共通のＯＳとして作用している「社会の心」を見定める研究が必要になるわけです。

計量社会学者は「社会の気象予報士」

古市　普通に考えると、大学生の意識や経営者の意識というふうに、分析単位を小さくしていったほうが、わかりやすい研究結果が出るような気がします。社会というすごく大きなものの「心」や「意識」というのは、どうやって捉えればいいんでしょうか。

吉川　おっしゃるように、フレームが小さいほうが個別の問題をいろいろつかみやすいし、説得力も増すんですよね。

だけど、全員に吹いている風というか、私たちにとっての空気の流れみたいなものがあるじゃないですか。同じ質問に対して、数千人という単位で、二〇年前の人たちと現代の人たちの回答を分析すると、この大きな空気の流れが見えた気がするときがあるんです。

古市　社会学では、現代社会ではどんどん「個人化」が進行しているという議論がよくされますよね。そうなると、いくら研究者が「これが時代の風だ」と主張しても、なかなか説得するのが難しい気がするんですが。

吉川　たしかに、現代日本の「社会の心」は単純じゃなくなっています。

古市さんが生まれた一九八五年の日本社会というのは、昭和の最後の姿でした。そこには、誰にでもわかる強い空気の流れがありました。私たち若い世代は、大人の作法を覚えることでその流れに適応しようとしたものです。それがいま思うと「近代」というものでした。でもいまは、風や流れがシンプルにはわからない。若い人は、古市さんの発言などを聞いて、空気が渦巻《うずま》いていたり淀《よど》んでいる様子を感じ取っているのかもしれませんね。

古市　研究として、現代日本社会を分析することは難しくなっているということですか。

吉川　難しくなっているんだけど、いまの時代の基本ＯＳもあるはずなんですよ。決して、無規範の状態ではない。複雑な風がシステマティックに吹いているんだと信じて、その潜在システムを探しています。

社会学には、パーソンズのシステム理論のように、社会全体をがっちり説明する枠組みがありましたよね。あれは間違っていたわけじゃなくて、二〇世紀の整合的な近代を説明するための枠組みだったんだと思います。だからパーソンズは、完璧に二〇世紀のアメリカ社会を説明できていた。

でも、かつては当たっていた枠組みを、現代社会にハメてみても、うまくハマらなくなってきた。だから僕たちは、まずは「うまくハマらないね」ということを糸口にするしかない。

古市　たしかにそうですよね。「昔の枠組みが当てはまらない。だから現代を後期近代とでも呼んでおこう」というところで終わっている議論がすごく多い。

吉川さんの野望は、その先に行こうということなんですか？　それとももう少し、後期近代の内実を緻密《ちみつ》に説明したいということでしょうか。

吉川　「その先に行こう」ではないです。「そう言われると腑《ふ》に落ちる」ということを言い当てたいというのが近いと思います。

古市　社会をわしづかみにしようとすると、ともすれば言うことが雑になっていくじゃないですか。社会学者が分析対象とする社会意識と、コメンテーターや評論家が口にするような社会の特徴は、どのように違うんでしょうか。

吉川　計量社会学者は、気象予報士みたいな感じなんですよ。天気図を読み解いて、「明日はこういう理由で雨が降るから、傘を持っていったほうがいいよ」とは言えるんだけど、雨を降らさない天気図を作るのは僕の仕事ではないわけです。

要するに、各地の気圧を測って、「いまこういう理由で曇っているんだよ」という完璧な説明はしたいと思っていますけど、評論家のように、天気図に文句をつけるのは僕の仕事ではないということです。

見田宗介の社会意識論を受け継ぐ

古市　吉川さんの本は、計量の分析をしっかりやりながら、社会のリアリティも融合させて文章を書かれている点が面白いと思ったんです。普通は、計量の結果だけをバーンと載せたつまらない論文を書くか、リアリティに寄り添って書くかのどちらかじゃないですか。それをうまく融合させてやろうという強い意志を感じました。

吉川　そうですね。かつて社会意識論の第一人者だった見田宗介先生は、調査計量と質的研究についてこういうことを言っています。

「前者がともすれば、『たしかだが、おもしろくない』分析に終わるのに対し、後者がともすれば、『おもしろいが、たしかさがない』立論になりがちだ」と。

僕は司馬遼太郎がけっこう好きなんです。司馬が書くような史実に基づいた歴史小説と、戦国時代を舞台に人間模様を面白く描くような時代小説とは違う。さらに、単に史実を調べるのが好きなだけなら、たしかな史実の専門書を読めばいい。

僕にとっては、たしかな史実に則して歴史小説を書くスタンスが面白く感じられて、社会学でもそういうことができないだろうかという思いはあります。つまり、あえて無機質なデータとして拾った人々の意識を、アウトプットとして出すときには、社会的なリアリティの形に戻して出したいという感じです。

古市　見田さんができなかったことをやっているというように受け取ったんですが。

吉川　鋭いところを突いてきますね（笑）。その質問に対しては「うん」と言わざるをえない。うまく引き出されてしまった気がしますが、僕は、見田さんの本でも、他の人たちが面白いと思う本ではない本を、二〇代の前半あたりに読んで刺激を受けていたんです。

古市　『現代の青年像』（講談社現代新書）とか『現代の生きがい』（日本経済新聞社）あたりですか。

吉川　そうですね。

古市　見田さんって、根っこには計量があるはずなんだけれど、人々が注目するのはどちらかというと、そのあとの時代に書かれた作品ですよね。吉川さんは、見田さんの計量の部分を引き継ごうとしているんでしょうか？

吉川　『現代日本の「社会の心」』が言わばそういう本ですからね。

でも、オーソドックスな学問の真ん中にいると、言えないことがあるんですよ。「見田宗介がちゃんとやっていないから、僕がやるよ」みたいなことはなかなか言えない（笑）。

「現代日本社会論」という看板

古市　計量社会学の中でも、吉川さんみたいな研究スタンスの人は少数派ですよね。計量の研究を見ると、なんとなくみんなが知っていることをデータで確認するというような論文が多い気がします。そういう研究はやはりつまらないと思いますか。

吉川　いえ、それはそれで社会学の一つのトレンドなんです。日本では計量のウェイトはそんなに高くないけれど、海外へ行くと、エビデンスベースの研究が主流です。ですから、集めたデータを最新の計量の手法で分析して論文にしていくという研究は、それでいいと思います。

逆に言えば、あんまりいないかもしれないけど、私みたいな立ち位置はお勧めしません。ここは定員一名だと思っているから。

古市　その席の名前は何と呼べばいいでしょうか。実感がある計量？

吉川　まあ、計量ベースの現代日本社会論というところでしょうか。社会学者の佐藤俊樹さんが「専門は現代日本社会論だ」といろんなところに書いているんですけど、あれはすごく珍しい。もう腹を据《す》えて、日本社会のことしかどうせ見えないから、グローバル化や公共圏みたいな議論は脇において、日本社会のことをやるんだという覚悟が透けて見える。

これはみんながやっていいことじゃないと思うんです。ある意味では、すごく狭量で古い見方なので、勧められはしない。でも、僕自身の立ち位置も佐藤さんと似ているし、今後もこの位置で行くんだろうなとは思います。

古市　「現代日本社会論が専門です」と宣言するのって、すごく勇気がいりますよね。「医療行政に詳しいです」とか、細分化すればするほど専門家っぽくなれるけれども、現代日本社会論って、なにせ扱う範囲がすごく広いじゃないですか。日本社会についてはなんでも知っているようなイメージを抱かれそうだし。

吉川　だけど、最近「何やってんの?」と人に聞かれて、「社会学やってます」と答えると、「あ、古市君みたいな仕事?」と言われるんですよ（笑）。社会学という職業の市民権をつくってくれたのは古市さんなんだけど、古市さんはどうして「現代日本社会論」って言わないの?

古市　僕の本はたしかに「日本」とか「絶望の国」という言葉をつけてますけど、べつに日本社会全体を見ている気はまったくないんです。「若者」とか「起業家」みたいに、リアリティを感じられる範囲のことしか書けないと思っているし、実際そうしてきたつもりです。だから「現代日本社会論」は、なかなか看板として掲げられないと思ってしまいます。

吉川　それを言うなら、「社会学者」という言い方のほうがずっと大きいですよ（笑）。世界中のありとあらゆる社会を対象にしていると思われるかもしれないんだから。古市さんなら、サイズ的に現代日本社会論はお勧めですよ。

計量分析はどのように進化しているか

古市　少し個人的なこともお聞きしたいんですが、吉川さんはなぜ計量社会学を選んだんですか。時代的には、理論系の社会学が流行した時期だと思うんですけど。

吉川　それは東大方面の話ですよね。僕が入った大阪大学だと事情が違う。東と西では、社会学の流儀がかなり違うんですね。だから、計量社会学じたいは決して珍しいわけじゃなかった。

古市　卒業論文はどういうテーマで書いたんですか。

吉川　日本人論ですね。当時は、「間人主義《かんじん》」といって、日本人は間柄を大事にするという主張がけっこう流行っていて、それが経済的な成功と結びつけて論じられもしていた。

でも、本当にそうなのかというときに、言説や事例を並べるだけではわからないだろうと思ったんです。それで計量的な手法を使って分析できないかと考えたんですね。

古市　その分析はうまくいったんですか。

吉川　いえ、結局うまくいかなかったんですが、そういう計量的な手法を使うのなら、もっと可能性のある領域があることに、大学院に入ってから気付いたんです。

このときの経験もあって、指導している大学院生にもよく言うんですよ。「将来性がない研究だと思ったら、それを愛するな」って。

古市　大学院のときに方向転換したんですね。それは研究テーマを愛せなかったということですか。

吉川　テーマはずっと愛してたんだと思います。だから、三〇年経ってようやく本の中で「八五年は日本人論の時代だった」と、いちおうの解決はつけたんです。

ある人が、「三〇年ぐらい経って、卒論でやったことの続きをやりたくなるかもね」みたいなことを言ってくれたんですね。印象的な言葉だったから覚えているんだけど、僕の場合は本当にそうなった。

古市 根っこには、日本社会のことを知りたいという関心があった?

吉川 後付け的にいえばそうだけど、古市さんぐらいの年のときに、自分が何をやろうとしているかはあまり見えていませんでしたよ。そのときはゲーム的に研究をしていました。要するに、最新の計量分析技法を使って、それに社会学の味付けをすれば、いくらでも投稿論文が査読を通る。「このゲームは面白い」と思って、次々と論文を書きました。

ただ、いざ博士論文を書くとなると、自分がどういう方向で研究していくのかというアイデンティティを決めなきゃいけなくなりますよね。それでいまの立ち位置に定めた感じです。

古市 計量分析の技法が進化するっていうのは、どんなイメージなんでしょうか。

吉川 たとえていえば、食材の質がどんどん食べにくいものになっていくので、料理の手間のかけ方を競っているようなものです。社会のリアリティとして、強い風が一方向に吹いていれば、分析しやすい。でも、現代は気流が渦巻いていたりして安定しないことに加えて、データがきれいに取れなくなっているんですよね。

古市 どういうことですか。

吉川 回収率が下がっているし、拒否する人も多い。行政がデータの開示を認めないとか、いろいろあります。これは世界的な傾向です。

昔だと、日本の人口ピラミッドの雛形みたいなものをデータとしてきっちり取れていたんですよ。だけど、若年層の回収率が低くなったりすると、それが歪む。

あと、グローバル化したからというので国際的な調査をしても、アメリカやヨーロッパではラップトップコンピュータで、日本ではタブレットで、韓国では紙で回答するみたいなことになると、世界のデータといってもクオリティが違ってくるわけです。

古市　そういったノイズの多いデータでも扱えるように、計量の技術が進化しているということですか。

吉川　ええ。データの中のいろいろなゴミを除去して、その中の共通する部分を抜き出すための統計技法はすごく発達しています。

活きのいい魚だったら、刺身にして醤油をかけて食べればいいんだけど、「生では食えないよ、これ」みたいな食材が来るので、おいしく食べるために加工する。それでやっと、統計的に有意な結果が出てくるわけです。

ただ、有意といっても、実社会の表面に現れるほど強いわけではなくて、けっこうバーチャルなんですよね。

世論調査に意味はない

古市　そういうデータって、現実を何割ぐらい説明できるんですか？

吉川　そもそも、現実とデータの間にはどうしたってギャップがあります。だって、玄関先で人の話を聞いて、データを取るわけだからね。「どれぐらい生活に満足しているか？」と聞いたときに、その日の出来事で決まったりするから、予測しきれない部分が必ずあるんですよ。

だから、極めてハイクオリティな社会調査のデータを入手できたとしても、二五％ぐらいしか予測できない。たとえば、古市さんに一〇〇個質問して答えてもらっても、古市さんがいま考えていることについて、最大で二五％ぐらいしか説明できない。

古市　最大で二五％しか説明できないとすると、集団的自衛権に賛成か反対かとか、いまの生活に満足しているかどうかとか、新聞の世論調査や公的機関の意識調査が実施しているようなシンプルな調査データからは何がわかるんでしょうか。

吉川　それぐらいシンプルなデータからは、何もわからないですよ。これだけ日本人のリテラシーが上がっているのに、いまだに何々法案を支持する人が何％とか言ってることの意味がまったくわからない。回答なんて、どの対象者にどんな方法で聞くかとか、イエス・ノーの選択肢が何個あったかとか、そんなことでいくらでも変わりますから。

古市　じゃあ、そのような世論調査は何の意味もない？

吉川　ありませんね。あれは調査設計や質問文を作るときの都合で決まっている数字だから。

古市　でも、世の中でどのくらいの人が憲法改正について賛成しているのかを知りたい人は多いと思うんですよね。だとしたら、どのような調査をして、それをどのように発表すればいいんでしょうか。

吉川　いい質問ですね。一つ言えることは、まったく同じ聞き方で定点観測のように聞いていくと、内閣支持率は各社同じように動くんですよ。つまり、読売も朝日もＮＨＫも、上下の傾向は同じように出るんです。

だから、グラフの右肩上がり、右肩下がりは事実なんですよ。

ただ、「安倍内閣支持率が読売で五三％だから過半数が支持している」みたいな読み方をしてはダメ。私たちが調査リテラシーとして知るべきことは、複数のメディアが示す％が全部右肩下がりになってきたことから「安倍内閣の支持率は下がってきたな」という流れはつかめるということです。

古市　メディアによる世論調査と、「ＳＳＭ調査」（社会階層と社会移動全国調査）のような研究者が実施している調査とはどう違うんですか。

吉川　世論調査では分布を速報するだけで、分析はしないんですよ。仮に「安倍内閣支持率が急に下がった」とすると、メディアは「下がった理由は、ある閣僚の不祥事があったからだ」みたいに説明をするじゃないですか。

でも、これは分析ではなくて、「この変動の理由はたぶんこれだろう」と、同じ時期に起こった出来事を結びつけているだけですよね。

一方で社会学者は、社会の仕組みのほうに関心があるから、社会のどこをどれだけねじれば、意識がどれだけ変わるかということを知りたいんですよ。

そうすると、社会学の調査と世論調査とを見比べると、社会学の調査は、「学歴は？」とか「収入は？」とか、「何回仕事辞めたことある？」とか、嫌なことをいっぱい聞くんです。でも、その嫌なことというのは、アイデンティティに関わるから嫌なわけで、それだけ重要な情報なんです。だから、家族の構造や職業の構造のように、その人の考え方を左右する要因の情報をたくさん持っているのが社会学の調査ですね。

これから起こる日本社会の大きな転換

古市　社会の気象予報士である計量社会学者として、これからの日本社会について何か予測できることはありますか。

吉川　いちばんはっきりしているのは、いままでの日本の調査データのボリューム層だった団塊の世代が社会から去っていくときに、大きな変化が起こるということです。

団塊の世代は、産業社会のボリューム層でもあるし、投票行動でも中心だった層です。この層が去っていくと同時に、違った考えを持った若い層がどんどん入ってくる。これは確実に起こることだから、観測し続けたいと思っています。この先の日本の「社会の心」を見るうえでは、そこが一番注目するところです。

古市　団塊の世代が退場すると、日本社会の形が大きく変わるわけですね。でも、どう変わるんでしょうか。

吉川　それはわからないけど、昔と比べて違うのは、みんなが社会的なアイデンティティについて敏感になっているということです。

七〇年代、八〇年代の日本人は、「俺たちはイケてる国の国民」と思っていた。要するに「イケてる国の真ん中らへんで、その真ん中らへんは世界で上のほう」という共通の意識があったんですよ。これはどういうことかというと、戦後の日本社会はずっと坂を上ってきたので、社会の形についても、自分自身の位置づけについても、大雑把な捉え方しかできない状況だったんですね。

でも、バブルが弾けて社会が停滞期に入ると、安定した仕事に就いているかどうかとか、学歴が大卒か非大卒かとか、いろいろな指標で自分を位置づけられるようになってきました。そういう意味では、私が使っている言葉でいうと、日本人の格差、階級、階層についてのリテラシーが高まっている。

つまり、アイデンティティを考えるときに、一つだけの基準で決めているんじゃなくて、「こういう観点で見たとき、俺、他のやつと比べてイケてるかな」みたいなことを、複眼的に見るリテラシーが身についてきたわけです。

だから、社会意識と社会の仕組みのつながり方は上質化したと思っています。別の言い方をすれば、自分の位置づけをリアルに知って対峙《たいじ》しなければいけないから、辛いわけだけど、リテラシーが高まると辛くなるのは当たり前なんです。

古市　二〇〇〇年代あたりから、格差社会論が盛り上がったのは、その時代に急に格差が広がったというよりも、みんなが自分たちの状況に気づいたということですか。

吉川　そういうことです。

　右肩上がりの社会のように、社会が全速力で走っているときには、自分の周囲のことを見極めるのは難しいんです。でも、社会が二〇年も止まっていると、後ろも前も横もよく見えるので、アイデンティファイできますよね。

　だからいまという時代は、停滞してダメなんじゃなくて、動かなくなったからこそ、アウェアネス（気付き）やリテラシーが高まっている。その点では、いい状態になったわけです。

古市　吉川さんの「いい状態」というのは、「社会の心」が見えやすいということですよね。

　でも、リテラシーが上がると、見たくないものまで見えてしまう。そういう人たちが社会の多数を形成する社会は、はたしてギスギスするのか、それともいまより生きやすくなるのか。どっちなんでしょうね。

吉川　どうだろうねぇ。僕はただ観測するだけだから、社会がよくなるか、悪くなるかはわからないですね。

本田由紀先生に「教育社会学とは何か」を聞く！

本田由紀（ほんだ・ゆき）
1964年徳島県生まれ。香川県育ち。東京大学大学院教育学研究科教授。専門は教育社会学。日本労働研究機構研究員などを経て現職。著書に『若者と仕事』（東京大学出版会）、『多元化する「能力」と日本社会』（ＮＴＴ出版）、『「家庭教育」の隘路』（勁草書房）、『軋《きし》む社会』（河出文庫）、『教育の職業的意義』『もじれる社会』（以上、ちくま新書）、『学校の「空気」』『社会を結びなおす』（以上、岩波書店）、共著に『「ニート」って言うな！』（光文社新書）など多数。

本田由紀さんについて

本田由紀さんは「怒り」の人だ。彼女の発表してきた研究の根幹にはいつも「怒り」があった。第一の怒りは、日本の学校教育に対する強い疑念である。教育熱心な環境の中で、「優等生」として育った本田さん。しかし周囲からはいくら「優等生」に見えようとも、自分の中にはいつも強い疑問があったという。

「この無意味にしか思えない膨大な勉強を、一体何のためにしているのだろう？」

東京大学に合格したものの、本田さんは大学受験で精神的に消耗しきってしまったという。しかし、この問題意識が本田さんの初期の作品群を生んでいく。

博士論文をもとにした『若者と仕事』では、真正面から「教育の意義」が問われている。かつての日本では、学校というのは生徒を企業に送り込む場所でしかなく、「教育の職業的意義」はあまり考慮されなかった。

本田さんはこの「教育の職業的意義」の必要性を強く訴える。彼女の見立てでは、日本の社会は一九九〇年代以降、大きな機能不全に陥っている。特に若年労働市場が大きく変貌する中で、「教育の職業的意義」の構築が急務だという（詳しくは『教育の職業的意義』で述べられている。「序章」で「あらかじめの反論」が述べられる異様な本だ）。

この問題に関連するが、本田さんの第二の怒りは、おそらく「変わらない社会」に対して向けられている。社会が機能不全に陥っているのに、それに対応する制度があまりにも整備されていないというのだ。こうした問題意識は主に『軋《きし》む社会』や『社会を結びなおす』で展開されている。

また、第二の怒りと似ているが、一九九〇年代以降の社会の機能不全に対して提案されてきた「処方箋らしきもの」にも本田さんは怒っている。たとえば「人間力」や「コミュニケーション能力」。様々な場面で「人間力」が求められる機会が増えてきたが、本田さんはそれを「ハイパー・メリトクラシー化」と呼んで批判する。

『爆笑問題のニッポンの教養』(講談社)の中で、田中裕二さんは本田さんを「強さともろさが同居している感じ」と評していた。たしかに「怒り」とは、強さともろさの同居によって生じる感情だと思う。この「怒り」は時に他者への攻撃にもなるし、社会変革の強い意志ともなる。

本田さんの本では、たびたび読者への呼びかけが行われる。たとえば『軋む社会』では、現代社会においていたるところで「軋み」が生じているとしたうえで、社会の立て直しについて、「あなたも、どうか手伝ってくださいませんか」と結ばれている。

本田さんの怒りは、これからどこへ向かうのだろうか?

教育社会学のアイデンティティは揺れている

古市　本田さんは「社会学って何ですか？」と聞かれたら、どんなふうに答えますか。

本田　その問いに直接答える前に、少し留保をつけてもいいでしょうか。

　私が専門としている「教育社会学」は、社会学の一分野と単純に位置づけられないところがあります。

　教育社会学は対象が教育ですから、「どうすべきか」「どうしたらいいのか」といった価値や規範、望ましさと切り離して議論することが難しい。それに対して、社会学は特定の価値や規範に無前提にとらわれないことが重要視されます。つまり「べき論」に対

本田由紀
×
古市憲寿

「教育社会学
とは何か」
について
聞いてみました

する距離感が、教育社会学と他の社会学ではかなり違うんですね。

古市　教育学というのは、「べき論」が強い学問なんですか？

本田　そう思います。そもそも教育社会学は、戦後にアメリカの指示で教育学部の中に導入された学問です。しかし研究のアプローチは、社会学の道具を使うわけですね。

その意味で、教育社会学は、教育学の一部なのか、それとも社会学の一部なのかというアイデンティティに悩み続けてきた。ですから、教育社会学者を名乗る私が、他の社会学者の方々をさしおいて、「社会学とは何ぞや」と語ることはおこがましいのではないか、という思いがあることは、最初に言っておきます。

言い訳がましくなりましたが、そのことを踏まえたうえで、私にとっての社会学を説明すると、まず社会とは「人々の相互作用から生み出され、逆に人々の相互作用を生み出す行為と意味の選択肢の全体集合」と、一応は定義することができるでしょう。

そういう社会のなかで、行為と意味の選択肢というものは、いろいろ濃淡を持って雲のように漂っているわけですけれども、それを様々な方法論を用いてできるだけ網羅的に把握しようとする営みが、社会学だろうと思っています。

古市　本田さん自身は、もともと教育社会学を学ぼうと思っていたんですか。それとも社会学を学ぶなかで、教育社会学に出会ったんですか。

本田　私は、教育に恨みつらみがあって教育学部に入ったクチなので、コース選択でも、当初は学校教育コースに進もうと考えていました。

ところがそこに突然、母が乱入して、「社会学って流行《はや》っとるみたいよ」「潰《つぶ》しが効くんちゃうん？」みたいなことをポソッと言うわけですね。当時は若くて無知ですから、ポソッと言われるままに、教育社会学を選んでしまったんです。

古市　社会学という専攻を選ぶ際にも、親御さんからの介入があったんですね。

これまでも発言されてきていると思いますが、教育に対する恨みつらみって、具体的に何ですか。

本田　小学校、中学、高校と全然楽しくなかったんです。特に中高が本当につらくて、「なぜこんな勉強をさせられるのだろう」という感覚がいつもありました。なぜ学校でこんなに苦しい思いをするのか。その問題を考えたくて、教育学部を選んだんです。

古市　いまから振り返ると、教育の何が問題だったんですか。

本田　私が中高を過ごしたのは、七〇年代の終わりから八〇年代の初めです。そのころは、「受験競争」や「管理教育」と言われるような、バブル崩壊前の教育問題が沸点に達するような時期でした。しかも私は、日本でも教育県と言われる地域で教員を両親に持って生まれたわけですから、その時点で不幸が決まっていたみたいなもんです（笑）。

もちろん、私の経歴が偏っていることは自覚していますが、当時、自分がつらかったことを、他者にも共有してもらえる形で表現したり説明したい。そういう教育に対する怒りに駆り立てられるようにして、現在まで研究を続けてきたわけです。

非認知能力とハイパー・メリトクラシー

古市　その怒りは、教育社会学を学ぶことによって解消されたんでしょうか。

本田　理解できたからといって、現実が変わらないかぎり、怒りは収まりません。

古市　ただ現実という点でも、受験競争や管理教育は、昔に比べてマシになったという面はありませんか。

本田　そのままの形では残っていませんが、本質は変化していません。

これまでの日本の教育は、子どもたちの価値を偏差値で輪切りにし、垂直の評価軸を設け、上からランキング化するものでした。その後、過度な受験競争への反省から、「人間力」や

「コミュニケーション能力」といった新たな評価軸が設けられるようになりましたが、人間の価値を他者と比較して相対化し、序列化している点ではほとんど変わりはありません。

いわば、学力という垂直軸のとなりに、もう一つ名を変えた垂直軸が立てられているにすぎません。

古市 人間力やコミュニケーション能力といった新しい垂直軸による評価を、本田さんは「ハイパー・メリトクラシー」と呼んでいますよね。最近の教育経済学では、子どもが将来成功するためには、「非認知能力」を高めることが重要だと言われています。この非認知能力と、ハイパー・メリトクラシーが要請する「ポスト近代型能力」は、けっこう近い気がするんですが、どう思いますか？

本田 近いですね。だから、非認知能力みたいな概念を持ち上げすぎることには慎重であったほうがいいと思いますし、そのことの潜在的逆機能を考えておく必要があります。

古市 潜在的逆機能というのは？

本田 意図せざる結果をもたらすことが潜在的機能ですよね。さらに、何らかの観点から望ましい結果をもたらすことが順機能で、望ましくない結果をもたらしてしまうことが逆機能。ざっくり言えば、意図しないマイナスの結果をもたらすことが、潜在的逆機能です。

古市　「非認知能力は大事だよね」という主張は、「誰もが良質な乳幼児教育を受けられるように社会を変えていきましょう」ということだと僕は理解しています。この場合、どういう潜在的逆機能が考えられますか。

本田　日本は教育支出がすごく少ない国で、特に少ないのが就学前教育と高等教育なので、就学前の教育に力を入れたほうがいいという主張には賛成です。

でも非認知能力みたいなものは、就学前教育を手厚くしても、必ず個々の間で「差」を生み出してしまいます。だからこそ、そういう能力がどのように形成され、どう評価すればよいかという問題は慎重に議論しなければいけない。もしもそれを曖昧《あいまい》にしたまま、言葉だけが一人歩きしてしまうと、結局、評価される側が評価する側に従属する度合いが強まってしまうんです。

これは人間力やコミュニケーション能力についても、同じことがいえます。非認知能力や人間力がないと見なされたときは、その人間そのものが否定されることにもつながりかねませんから。

しかも、ハイパー・メリトクラシーへの適応力は、経済的、文化的、人間関係的に恵まれている家庭の子どものほうが身につけやすい。すると、「人間力が大事だ」「非認知能力が大事だ」という見方が強まると、裕福な親はいっそうお金をかけて、子どものそういう力を伸ばそうとするので、不平等を促進する可能性もあります。

現在の日本は、男性だけではもう支えられない。女性の社会参加を促すという観点から、就学前教育の拡充は必要だと思いますが、それは非認知機能を前面に打ち立てなくても言えると思うんですね。

社会学にできること、できないこと

古市　教育社会学者から見て、社会学にはどのようなことができて、どのようなことはできないと考えていますか。

本田　私は個人的には社会学ラブなので、社会学的なアプローチで説明できる範囲はかなり広いと思っています。

ただ、さきほどの「べき論」のスタンスとも重なる話ですが、分析したうえでさらに踏み込んで「こうしたほうがいい」と具体的に提言する部分に関しては、社会学者はあえて踏みとどまっている人が多いという印象はあります。

古市　たしかに昔は、社会学者が提言することに対して、「社会学者がそこまで言うな」という批判があったとも聞きます。

本田　まあ、そうですね。もっとも、過去にだって提言してきた社会学者はけっこういたでしょうし、最近は「社会に指針を与えることも社会学の重要な使命だ」という発言も増えてきました。

ですから現在の状況としては、提言に対する否定的な反応は少なくなってきているように感じます。むしろ現実への危機意識が社会学者の中で強くなっている。

古市　社会学者はもっと提言したほうがいいと思いますか。

本田　社会学という学問は、提言をしなくても十分に成り立ちます。やっぱり社会学のコアとなる強みは、社会をどれほど鮮やかに切り取って分析してみせるかというところにあるんじゃないでしょうか。

古市　でも本田さんのゼミでは、学生たちの発表の最後に「インプリケーションは?」と必ず尋ねていましたよね。他の社会学のゼミでは、そういう文化がなかったので印象的でした。

ああやってインプリケーションを問うのは、先生自身が、社会にとって研究が役立つかどうかという点をすごく重視しているからだと思ったのですが。

本田　インプリケーションといっても、アカデミックなインプリケーションと、ポリシー・インプリケーションという両方の意味がありますから、必ずしもポリシー・インプリケーションだけの意味で使っていたわけじゃないんです。

でも、どちらの場合であれ、自分の研究がどういう意味で価値があるのかを、説明できるようにしておかなければいけないという意識は強くあると思います。

現代社会はどこがヤバいか

古市　本田さんの「これは勇気をもって言った」という提言はどんなことでしょうか。

本田　いまもいろいろ批判されますが、教育の職業的意義、平たい言葉でいうと、職業教育の復権みたいなことを私は言い続けています。

日本では、職業教育に対するアレルギーが強くて、職業教育というと「本田は資本主義の犬を育てようとしている」といった脊髄《せきずい》反射的な批判がすぐに飛んでくる。

古市　そういう脊髄反射的な反対が起こる論争って、どうしたらいいんでしょうね。まあツイッターをはじめとした場所で、誰もが脊髄反射的な批判に興じる時代ですが。

本田　一生懸命説明していくしかないんじゃないですか。「資本主義の犬を育てようと思っているわけじゃないんですよ」って。

古市　本田さんの最近の著書を見ると、教育という分野だけでなく、日本社会論のような研究や発言が増えているように見えるんですが、怒りの対象が日本全体に広がったということでしょうか。

本田　教育に対する怒りも、その根本をたどると、日本社会そのものの成り立ちに由来するので、コアのところはあまり変わっていません。ただ、かつては怒りや憤りだったものが、いまやどんどん危機感になっています。いったいこの社会は大丈夫なのかと。

バブル崩壊後の日本社会は、閉塞感が深まっていく一方です。私にしてみれば、「超ヤバい」と言いたくなる状況ですが、政策動向や世の中の考え方を見ると、必ずしも私が感じている超ヤバさがマジョリティに共有されているわけではないようです。

だから必死に「ヤバいと思いませんか？」と呼びかけているし、そのためには教育の話だけでなく、日本社会の「かたち」を包括的に議論する必要性があるんです。

古市　そのヤバさの根っこは何なんですか。

本田　私の考えでは、戦後日本社会でできあがってしまった、教育・仕事・家族という三領域の独特な循環構造です。

たとえば仕事は、正規雇用による年功賃金のもとで、家族に給料を届ける役割を担い、家族は得た収入を、子どもに高学歴や社会的地位を得させるための膨大な教育費へ投じる。そして教育は、新規学卒一括採用の名のもと、若い労働力を仕事の世界へ送り出すことを担う。

こうして仕事→家族→教育→仕事→……という循環で回してきたのが、戦後日本社会の「かたち」です。これを私は「戦後日本型循環モデル」と呼んでいます。

現在の日本社会は、このモデルで回すことができないのに、望ましい生き方に関する価値や規範、発想は、古い循環モデルに準拠してしまっている。そのために、循環モデルのあちこちからこぼれ落ちて、苦しむ人々が増えている。

ここに問題の中心があるというのが、私の診断です。

古市　その古い社会モデルは、どうすれば変わるんでしょうね。変えるために、いちばん力を込めている提言としては、どんなものがありますか。

本田　私の提案は、循環モデルを新しい社会モデルに結びなおすことなので、特定のどこかをいじればいいという話じゃないんです。

仕事であれば、長時間労働を生み出すような雇用じゃダメだし、教育に関しては、教育内容と子どもたちの現在や将来の生活にもっとレリバンス（関連性・意義）を持たせないといけない。家族に関しても、性別役割分業を前提としたような家族ではあり得ない。

これらすべてを直してゆけば、何とかサステナブルな方向に持っていくことができるかもしれない。でも、もう遅すぎるんじゃないかという気もする。そのぐらい切迫した危機感を持っています。

社会学者に不可欠の資質

古市　戦後日本型循環モデルの分析や新しいモデルの提案を読むと、根っこにはルーマンの社会システム論のような考え方があるように思ったんですが、違いますか？

本田　嫌なことを聞いてきますね（笑）。私は生半可に社会システム論を勉強した人間なんですね。デュルケム、パーソンズ、ルーマンを読んで修士論文も書きました。独学なので水準は低いんですが、大学院時代は社会システム論を自分の研究の理論的な枠組みとしていたので、いまでもわりあい発想がそこに固着してしまうところがあります。

古市　大学院時代にルーマンなどを読んでおいて、よかったと思うことはありますか？

本田　それは思います。生半可な使い方をしてしまっているという忸怩《じくじ》たる気持ちはありますけれど、社会を把握しようとする際に自分の手助けになるような道具を装備できたことはプラスでした。いまでも、授業で「過去の社会学の巨人の勉強をしよう」みたいな科目を受け持つんですが、読み直すたびに面白いし、熱く語れるところはありますね。

古市　本田さんは、一方で計量的な分析もできますよね。

本田　私の計量分析なんて、「計量ができる」と言うには恥ずかしいぐらいの水準です。計量分析の手法は日進月歩で発展していますからね。

古市　学生時代から、計量的な分析にも意識的に取り組んできたんですか。

本田　大学・大学院のカリキュラムに組み込まれていたので、基本的なことはそこで学びました。あとは研究の必要に応じて使ってきたという程度です。

古市　東大の教育社会学って、群を抜いて教育に熱心なコースじゃないですか。きちんとしたカリキュラムもあるし、大学院生も社会調査に関して、一定のスキルを修得して卒業していく人がすごく多いという印象があります。

本田　大学院よりむしろ、学部教育のほうが密度は濃いかもしれないですね。

東大って学部の後半二年間しか専門教育の期間がないので、かぎられた時間のなかで教育社会学をある程度学んでもらうために、密度の濃いカリキュラムを組んでいます。
大学院は学部の勉強を前提としたうえで、さらにブラッシュアップする形になっているので、学部に比べるとやや緩めで自由度も高い。それでも、それなりに教育熱心なコースであることは確かですね。

古市 社会学に向いている人って、どんな人でしょうか。

本田 社会との距離感を感じている人は、馴染《なじ》みやすいと思います。社会学の巨人たちを見ても、社会にどっぷり浸かれないような人が、社会学という学問をつくり上げるうえで大きな功績を果たしてきました。「社会って何だろう?」とか「なぜ自分は違和感を感じるんだろう?」と、社会や自分を観察する視線を日常的に持っていることは、社会学をやっていくうえで不可欠の資質です。
自分と社会との微妙な距離感に違和感を持ち、かつ自分をも問い直す。自分はいったいどういう立場から物を言ってるんだろうということを吟味する姿勢がつねに求められます。
私は、幸か不幸か、一〇代のころから完全にそういう人間でした。その点ではラッキーだったのかもしれません。

古市 でも、そういう人もだんだん社会に適応するようになりませんか。

本田　どうして？　自分がそうだからですか？

古市　研究成果が社会に認められることって、ある意味で自分が社会に受け入れられるってことじゃないですか。社会学者にかぎらず、小説家やクリエイターでも、自身の成功とともに、社会に対する怒りをなくしていく人は多いと思います。僕自身はもともと怒りではなく好奇心で社会学を選んだので、そのあたりの感情はよくわかりませんが。

本田　でも、この本で古市君が話を聞いてきた社会学者は、みんな違和感をずっと引きずっている人たちだったんじゃないですか。

古市　そうですね。やっぱり根っこに自分の体験がある人が多い気はしました。

本田　それを単に自分の体験談として語るんじゃなくて、どれほど一般化可能なものなのかということに取り組んでいる人たちですよね。相手が社会である以上、そうそう簡単に違和感がなくなるということはないんですよ。

社会を回すために何から手を付けるか

古市　現在の社会に違和感があるとして、先生が理想とする社会は、どんな社会なんですか。

本田　私は、理想や理念を掲げているわけじゃなくて、社会は回ってくれさえすればいいと思っています。だから考え方はわりとプラグマティックです。

古市　「社会が回る」というのは？

本田　社会的に排除される人をできるだけ生み出さずに、社会が続いていくということです。とても苦しい人を少なくすることと、それほど苦しくない人たちもどこかにハメ込まれたり、自己否定的になったりしないでやっていけたらいい。そのぐらいのイメージです。

古市　そのために、戦後日本型のモデルは組み替えないといけないということだと思うんですが、優先順位としては何から手を付ければいいんでしょうか。

本田　いちばん重要なのに変化が遅いのが、仕事の世界だと思います。私も飽きるぐらい繰り返し言ってきているんですけれども、日本社会は、正社員と非正社員の間のギャップが大きすぎます。

正社員は正社員で、「メンバーなんだから何でもやってくれよ」と、過重労働・長時間労働が当たり前の世界になっている。一方、非正社員は、「メンバーじゃないから、特定の業務だけやってくれればいいし、その業務が必要なくなったらいつでも切るからね」と、雇用の調整弁にさせられているわけです。

最近だと、その二つの悪いとこ取りをするような形で、「何でもやってもらうけど、給料は増やさないし、いつでも切るからね」というひどい働き方が、正社員のブラック企業化と非正社員のブラックバイト化という両方で起きているわけですよね。

こんなふうに、働く人がどんどんすり減っていくような働かせ方を強要している段階で、もうこの社会の将来はないと思っているんです。

古市　でも少しずつ、本田さんが主張してきたような制度が現実になっているように感じませんか。長時間労働を是正しましょうとか、同一労働同一賃金を目指しますとか。

本田　私は現政権に批判的ですが、「もしかして私の本を読んでいるんじゃないの？」と思うことは時々あります（笑）。でも、表面的なメッセージだけを見れば似ているかもしれないけれど、そのためには何が必要かという議論はとても薄っぺらい。

働き方という点では、「ジョブ型」の正社員、つまり、仕事の範囲が明確であると同時に、雇用の安定性もある程度確保される働き方を導入することが必要です。

でも、政府はそこまで明示的には踏み込んでいません。ここが変わらないと、新しい社会のモデルは作れないんですよ。

通念をどのように覆すか

本田 私からも古市君に質問してもいいですか。

いままでたくさんの人に「社会学とは何か」を聞いたと思いますが、古市君にとっての社会学はどういうものでしょうか。

古市 人って、いま・ここにいる自分や社会がすべてと思い込みがちですよね。でも、「この社会がすべてじゃないよ」という別の選択肢や可能性を、歴史、制度、意識の分析など、いろんな手法によって見せてあげることが、社会学の役割かなと思っています。

本田 質的であれ量的であれ、これから本格的な調査をやっていこうと考えていますか。

古市 計量的な調査は、他に得意な方がたくさんいるのでやらないと思いますけど、質的な調査はタイミングによってあるかもしれません。

本田 なぜいまの質問をしたかというと、社会の現実をできるだけきちんと把握しようともがき続けることが、社会学にとってすごく大事なことじゃないかと思うからです。

自分の仮説や予想を裏切る結果が出れば、自分の何が間違っていたんだろうと問い直して、もう一回現実に向かっていく。どうやったって社会の全貌なんて捉えられないんだけれども、可能な限り様々な手段を通じて社会の現実を把握し、同時に自分の視線も吟味し続ける。そういった社会学の営みにとって、社会調査は重要な柱になってきています。

でも、古市君の場合、まだその重要な柱が担保されていないような気がするし、そこが、あなたが社会学者を名乗ることを危うくしてしまうかもしれない不安要素だろうなと思います。自分が見たいものだけちゃらっと見てるのではだめ。まあ、老婆心ですから聞き流してください。

古市 いま起業家に対しては、過去の「起業家」をめぐる議論の変化を調べていて、博士論文でまとめたいと思っています。それこそ博論では、本田さんの「起業家ってこうなんでしょ」という通念を覆したいんですが。

本田 どういう通念を覆すんですか。

古市 「起業家」ってキラキラしたリア充のように表象されることが多いですよね。しかし、じつはみんなが思う以上に社会のことを考えているし、ある種の迫害にも遭ってきた。

本田 でも、そのためには、ある通念が社会一般的に共有されているかどうかを確かめてからやったほうがいいんじゃないですか。

古市　それはどうやったら確かめられるんでしょうか。

本田　まずは材料を集めることです。たとえばコミュニケーション能力だったら、いろんな場で「コミュニケーション能力が大事だ」とたくさん言われていれば、それは通念と見なしていいだろう、というところから話を始めていくわけですよね。

古市　でも、それと反する意見もたくさん集められるじゃないですか。その意味では、通念を覆すことって、どんどん難しくなっていませんか。

本田　常識自体が多様化しているってことですね。

古市　はい。二〇年前なら鮮やかに常識を覆せたかもしれないけれど、いまって誰もが、「じつはこうなんだよ」ということを日常的に言い合っています。

本田　たしかにね。ただ、社会が閉塞している分、「これはいい」「これはダメ」と、物事に対するプラス／マイナスの価値づけが以前より極端になっているような状況もあります。

その極端な価値づけに対して、「これはそんなにいいものではない」とか、「これもそんなに悪いわけではない」と示していくことだって、通念を覆すことです。

凝り固まった通念のなかに、それこそ潜在的逆機能みたいなものを見出していくことは、これから一層必要になってきます。古市君にはそういう暴れ方をしてもらいたいですね。ワ

ワイドショーで炎上発言ばかりしてる場合じゃないです。

開沼博先生に「社会学の将来」を聞く！

開沼博（かいぬま・ひろし）
1984年福島県いわき市生まれ。立命館大学衣笠総合研究機構准教授、東日本国際大学客員教授。東京大学文学部卒。同大学院学際情報学府博士課程在籍。専攻は社会学。著書に『「フクシマ」論』（青土社）、『フクシマの正義』（幻冬舎）、『漂白される社会』（ダイヤモンド社）、『はじめての福島学』（イースト・プレス）など、共著に『地方の論理』（青土社）、『「原発避難」論』（明石書店）、編著に『福島第一原発廃炉図鑑』（太田出版）などがある。

開沼博さんについて

「福島」を語るのは難しい。炎上の火種がたくさんあるので、ついつい無難なことしか述べられない。そんな経験が僕にもある。

その難しい「福島」という問題に取り組み続けるのが開沼博さんだ。

開沼さんと初めて会ったのは、上野千鶴子さんのゼミ合宿だった。普通の学生は一つの発表で手一杯なのに、彼はなぜか二つのテーマで発表をしていた。一つは「オートポイエーシス」、もう一つが「福島」について。あれは確か二〇〇九年のことだ。

そう、開沼さんは、三・一一の前から福島についての研究をしていた。そして原子力ムラをテーマにした修士論文を提出して二カ月後、あの地震が起こる。その日から今日まで、開沼さんは「福島」や「原発事故」に関して、非常に信頼のおける論客として活躍している。

とくに二〇一一年六月には修士論文を元にした『「フクシマ」論』を発表、大きな注目を浴びた。その数カ月後に僕が『絶望の国の幸福な若者たち』を出版したこともあり、開沼さんとは新聞や雑誌で何度も対談してきた。当時からえらく貫禄のあった開沼さんだが、じつは僕とほぼ同世代だ。二〇一一年、僕たちは二六歳だった。

開沼さんの興味関心は幅広い。そして全盛期の宮台真司さんのようにフットワークが軽い。

『漂白される社会』では、売春島やホームレスギャルから裏カジノ、闇スロット、野球賭博まで、現代社会の周縁が丁寧にスケッチされている。

開沼さんの言葉は時に挑発的で刺激的だが（以下の対談もそうである）、非常にバランスの取れた物言いをする人だ。原発に関しても、安易に「賛成」「反対」を言わない。それゆえに、イデオロギーありきの人々から心ない批判を加えられることもあった。

しかし事実として揺らぎようがないのは、開沼さんが二〇一一年以降ずっと「福島」を真正面から研究し、それを社会に伝えようとしてきたということだ。

一冊で「福島」のことが概観できる『はじめての福島学』は、小泉進次郎さんも絶賛していた。最近では『福島第一原発廃炉図鑑』を編纂、膨大な情報をまとめて一冊の図鑑に仕立て上げた。

一方で、開沼さんを批判していた「良識派知識人」の多くは、まるで「福島」に飽きたかのように、「集団的自衛権」や「憲法改正」の議論に夢中になっていった。もっとも、二〇一二年に発表された『フクシマの正義』を読むと、こうなる事態を開沼さんはあらかじめ予見していたかのように思える。

開沼さんのクールさが、いまの「福島」をめぐる議論には間違いなく必要だ。ひいてはそれは、日本だからこそできる「社会学」のレベルを高めてくれるはずだ。

開沼博×古市憲寿

「社会学の将来」
について
聞いてみました

現場と理論を股にかける

古市　この本では、様々な社会学者に「社会学って何ですか」という質問をぶつけてきました。

開沼さんにも同じ質問から始めたいんですけど、開沼さんは、学生や社会人に「社会学って何ですか」と聞かれたときに、どのように答えていますか。

開沼　一言でいえば、「近代社会とは何かということを捉える学問である」と。政治学は政治現象を扱い、物理学は物理現象を扱いますよね。それと同じように、社会学は社会現象、とりわけ近代の社会現象を考察する学問だと説明します。

たとえば、近代家族は前近代の家族のあり方とは違う。あるいは官僚制とは何かということも、近代的なシステムと深く関わっている。そういったことを学生には話しています。

古市　学生の反応はどうですか？

開沼　「イマイチ」って感じでしょうね。学生にとっては、評論的な視点でＡＫＢやポケモンＧＯを分析するほうがウケがいいし、そういう方向から社会学を説明することも間違いじゃないと思います。でも、それだけが社会学ではないですからね。

古市　定義することってやっぱり難しいんですかね。

開沼　社会学者それぞれが定義しているんでしょうけど、一般の人に伝わる共通の答え方はなかなか見つからないですよね。

古市　開沼さんは、いつから社会学に興味を持ったんですか。

開沼　高校生のときに、『ＳＰＡ！』（扶桑社）などの雑誌で、宮台真司さんの文章を読んだのがきっかけです。「なるほど、世の中のこと、違和感を持っていることをこうやって言語化できるのか」と腑に落ちる感じがありました。

他にも、『ＳＰＡ！』には当時の若手の社会学者がコメントしたり、武田徹さんも連載をしていた。社会学なんて知らずに、「この人の考え方は面白いな」と思って肩書き・プロフィールを見ると、社会学者だったり、大学院で社会学を専攻していた人だと書いてある。そこではじめて、社会学という存在を知ったんです。

古市　もともと、どういう進路を考えていましたか？

開沼　父親が医者だったこともあって、高三の一一月まで、医学部に行こうと思って理系クラスで勉強していました。でも、本心では医者になりたいとは少しも思っていなかった。将来の希望職業を書くときには、当時、熱心に格闘技をやっていたので、格闘家と書いていました。ただ、それなりに努力をしても、能力の限界が見えてきていたんで、進路については悶々《もんもん》としていましたね。

古市　じゃあ、入試直前に文系に進路を変更したんですね。

開沼　ええ。ただ、理系の勉強はしておいてよかったと思います。社会の状況を構造的に分析する場合、理系的な頭の使い方をしますからね。宮台さんの文章も、とてもロジカルに議論を詰めていくところが面白かったし、優れた社会学者は理系的な考え方をする人が多いように感じます。

古市　大学に入ったあとは、社会学まっしぐらですか。

開沼　そうでもないんです。アカデミックな学問に取り組む前に、いろんな経験を積みたいと思っていたので、学部生のころは、学生ベンチャーのような会社で働いてみたり、雑誌のライターをしたりしていました。僕の場合、宮台さんや上野千鶴子さんが社会学の導き役だったので、現場と理論を往復することが社会学をするための重要な要件だったんです。

古市　僕と開沼さんが初めて会ったのは、上野千鶴子さんのゼミ合宿でしたよね。貫禄があったんで、はじめは同世代と気付かなかったんですけど（笑）。

三・一一で感じた責任倫理

古市　開沼さんというと、世間的には二〇一一年の『「フクシマ」論』以降、福島の専門家のように思われているじゃないですか。でも、もともとは福島だけを研究対象にしていたわけじゃない。雑誌ライターとして、売春や右翼、新宿歌舞伎町など、幅広い方面を取材していました。そうやってさまざまな関心があるなかで、福島の原発を修士論文のフィールドに定めたのはなぜですか。

開沼　僕は、けっこう「お得なもの」が好きで、一石何鳥にもなる研究がしたかった。特に、修士論文は後に残っていくものなので、深め甲斐も広め甲斐もあるものにしたかったんです。

そう考えたとき、福島は、原発の話でもあると同時に、戦後史論としても書ける。さらにエネルギー政策論やグローバルな核軍縮の話に広げることもできる。一つのフィールドから、地域社会学や科学社会学、歴史社会学までカバーできるというのが大きな理由です。

もう一つは、この本で佐藤俊樹さんが言っている「手触り感」ですね。福島には「何か違う」という手触り感がありました。

古市 それはどういう「手触り感」だったんですか。

開沼 社会学って、連字符《れんじふ》社会学と言ったりもしますが、「○○社会学」という形でどんどん個別化してきた歴史があります。ただ、細分化する中でタコツボ化しているようにも感じていた。福島という研究対象は、そのタコツボ化した個別の社会学の境目を股にかけながら、それぞれのタコツボの中でメインストリームとされる視座をぶち壊していける対象なんじゃないか。そんな感覚がありました。

古市 一番壊したかったものは何だったんでしょうか。

開沼 まずは、外からの「上から目線」ですね。福島に関する研究でも、福島とはまったく関係ないような『漂白される社会』のような研究でも、一貫している切り口です。過剰な現場主義に与《くみ》するつもりはないし、一方、事実を知らずに断片的な聞きかじった話からすべてを知ったような口を聞く言葉のあり方は壊したいと思っていました。

古市　開沼さんの修士論文が東京大学に提出されたのが二〇一一年の一月、そのわずか二カ月後に三・一一が起きました。そして六月に、その修士論文が『「フクシマ」論』という書名で刊行された。本当に偶然といえば偶然ですが、『「フクシマ」論』の著者として、三・一一をどう受け止めましたか。

開沼　三・一一のときに何が衝撃的だったかって、社会学の理論をやって評価の高い人が、全然応用が利かなかったことです。そういう社会学者や言論人を何人も見て、観念的なことや文明論への憧れは消え、むしろ、そういう既得権益にあぐらをかいたお山の大将のようなダメな輩《やから》が事態を混乱させているんだと深く理解しました。

もう一つ、具体的な研究スタンスという点でいえば、社会学にかぎらず、学問の醍醐《だいご》味《み》として、自分の仮説や分析が裏切られることの面白さってあるわけですよね。仮説を覆す事実が出てきたら、それを説明できるように、さらに仮説を鍛えていく。それが学問という営みなんだと。

これはその通りだと思う反面、三・一一以後は、分析が裏切られたら、人が死んでしまうということは強く感じました。自分がヘタなことを言ったら、人は死ぬかもしれない。それは、ウェーバーのいう責任倫理に近いような気がします。

ウェーバーは、倫理的な行為を心情倫理と責任倫理の二つに分け、政治家には責任倫理が必要だと言っています。つまり政治家は、心情的に躊躇《ちゅうちょ》や抵抗があったとしても、最終的な結果を考えて行為しなければならないという。政治と学問の役割が異なること自体もウェーバーの重要なテーマでもありますが、しかし、学問があまりに無責任な倫理観のもとで動いていることに愕然としました。人々の心情・信条に寄り添ったふりをして思考停止し、現場の危害拡大に加担する。

社会学も含めて、人文社会系の論者は、こうした責任倫理が少し欠けているんじゃないか。その場かぎりで耳触りのいいことを言えば、生きづらい人の中のカルト的なカリスマになれて気分はいいのかもしれないけれど、将来の結果までを視野に収めた議論ができなければ、理系の専門家や行政官からは端的にバカにされます。「何が社会を変えるだ」と。細かい議論はあるにせよ、「文系廃止論」もそりゃあ出ますよ。私大を含めて大学教員には、元は税金からリソースが出ているわけですから。

古市　たしかに責任倫理を持って、福島や原発について語っている言論人は少ないかもしれないですね。

開沼　原発以外でも同じことが言えます。弱者を発見して、「不安でしょう?」と煽っておしまい。

古市　社会学って、弱者発見が好きですからね。

開沼　大好きですよね。発見して課題解決するならいいけれど、ただスケープゴートを探して糾弾して、大衆の不安を煽って敵愾心《てきがいしん》と孤立感を与えて、「先生、どうすればいいんですか」とか頼られて快感得て終了、と。

古市　「ソーシャル・サイエンス」というより、文学的に社会学をやっている人が多い気がします。たとえば『見田宗介著作集』（岩波書店）にいろんな社会学者がコメントを寄せていましたが、それを見ると、まるで宗教家に対する信者のコメントのように思えました。

ある意味で見田宗介は文学として読まれたし、見田さんに追従《ついしょう》する人も文学をしたかったんじゃないか。そう考えると、日本の社会学には、文学派とも呼べるような流れがあるのかもしれないと思うんです。それは開沼さんの研究スタンスとは、ずいぶん違いますよね。

開沼　そうですね。好きではありますけどね。でも、いま自分が扱う対象について必要だとは思わない。

社会学には、包括的であることとニッチ的であることの両方が必要なはずです。でも実際には、原発の問題にしても沖縄や貧困の問題にしても、視野狭窄《きょうさく》な議論が目につきます。

福島や原発を包括的に語るのであれば、放射線や原子炉のことも、エネルギー政策も、福島というローカルな地域の歴史やコミュニティのことも、NPO論・ボランティア論を含む社会運動論も、農業経済や観光学や経済地理的な理論枠組みも知らなければいけません。そこまで手を広げてはじめて、包括的な言葉になっていくと思うんです。

頭と手足動かす気がないなら、実直にニッチ的なことをやれよと言いたいところですが、弱者発見・利用して包括的ぶって終了みたいなのばかりでうんざりです。

みんな福島から撤退していった

古市　僕から見ると、開沼さんほど、福島や原発に向き合い続けている研究者はいないんです。本来は、ものすごく多様な関心を持っている開沼さんが、結果的にいちばん福島にコミットしている現状がなんだか不思議にも思えます。

開沼　たしかにそうです。僕もやるべきだと思っていることはいくらでもあるんで、当初は、他の人がきちんとやるんだったら、自分がコミットし続けなくてもいいと思っていました。だけど、みんな、二、三年経つと撤退していきましたね。いつ社会を変えてくれるのかっていう話ですよ。
古市　たしかに、原発反対と大きな声を上げていた研究者の中にも、集団的自衛権とか憲法九条とか、別のホットトピックに流れていった人がたくさんいましたね。
開沼　「横展開パターン」ですね。横展開は、どんどん商売が広がるからまだいいんです。グダグダになっているのが、「挙げた手を振り降ろせなくなって逆ギレパターン」。これはけっこう大変です。勝手に「福島は危険だ」とか、「福島は脱原発の神聖な場所だ」と運動を起こしたものの、地元から総スカンを食らった挙句《あげく》、広げてしまった大風呂敷を畳めなくなる。
古市　開沼さんの『はじめての福島学』にある「福島へのありがた迷惑12箇条」に当てはまるような話ですね。
開沼　ええ。学者・文化人の言論公害です。だから、福島に関する議論では、かぎられた時間のなかで、とにかく前提条件を準備することや、勝手にできてしまったデタラメな前提条件を事実ベースに修正していくことが最重要の課題だと考えていました。12箇条は、それをできるだけシンプルに伝えようと思ってまとめたものです。
福島をめぐるさまざまな言説の混乱の背景には、被害者に対する、オリエンタリズム的と言ってもよい理想化や、イデオロギーに基づく利用が大きな要因として存在しますが、一方で、福島の問題には、少子高齢化、医療福祉システムの崩壊、コミュニティの再構築の必要性など、現代社会が抱える問題が集約されています。だからこそ、丁寧に解きほぐさないといけない。

そして同時に、三・一一は世界史に残るような事件でもある。この問題について、つねに議論のフロンティアであることの価値はとても大きい。

自分自身にとって、他の問題に今後向き合ううえでも、必ずためになる大きな学びがあるんです。そう思って、当面は福島とつきあい続けようと決めたんです。

古市　みんなが撤退して横展開したり、ありがた迷惑な発言が続いたりすることに、無力感のようなものはありませんでしたか。

開沼　もちろんあります。その連続です。だからこそ、福島という対象を扱ううえでの前提条件を変える必要が大きいし、そこで社会学的な思考が果たせる役割は大きいと考えています。

手前味噌ですが、『はじめての福島学』への福島県民からのリアクションは大きいものでした。「こういう知識を身につけておけば、自分の身を守れるんだと思った」「言葉を読む中で、やっと自分がここで暮らすことに自信を取り戻すことができた」。福島の農家が「毒を作るな」と言われ、物産展に出品すれば「福島産」とわかった途端にペッと吐かれる。福島県内で屋外イベントを開くと告知しただけで、インターネット上で連絡先を拡散されて、「頭がおかしい」「子どもを障がい者にするのか」と罵倒《ばとう》が殺到する。マスメディアに載らないレベルで、そういうエピソードは、現場にいくらでも転がっています。

別に、誰かを救うために書いたわけではないんです。事実を事実として共有し、様々な思惑の中で歪んだ議論を補正した。行政も自然科学者も、どう手を付けてよいのかわからない福島の問題に、社会学的なアプローチを通して一つの解決策を出せたんだと思います。

古市　『はじめての福島学』は、すごく実直な本ですよね。たとえば、いまも立ち入りができないエリアは福島県全体の二・四％しかないとか、震災前に福島で暮らしていた人のうち、いまも県外に暮らしている人は二・五％しかいないとか、シンプルな数字を示しながら、世間のイメージがいかに実態とかけ離れているかを示しています。

現代版『百科全書』の必要性

開沼　『福島第一原発廃炉図鑑』という本の冒頭に書いたことなんですが、いま、情報公開が重要だってみんな言いますよね。でも、原発の問題に取り組んで痛感したのは、情報隠蔽《いんぺい》の弊害以上に、情報が多すぎて思考停止になってしまうことの問題でした。

情報が多すぎることは、情報がないに等しい。無尽蔵に増える情報に、人々は混乱し、デマや偏った知識が広まってしまう。ならば、それを整理する作業が必要で、そのときに、一八世紀半ばに編纂《へんさん》された『百科全書』のような整理が参考になると思ったんです。

古市　『百科全書』？

開沼　ええ。一八世紀って、産業革命とともに学問の分野が細分化した時代です。それまでとは比べ物にならないほど情報量が増えたけれど、学問的な知識は社会の中にバラバラに存在していました。その知識を体系的に整理して、誰でも参照できる「知のプラットフォーム」として作られたのが『百科全書』です。

現代も同じように、ＩＴの発達によって情報は加速度的に増殖し、そのために全体状況が見えなくなってしまいました。ならば、現代の『百科全書』となるような知のプラットフォームを整える必要があります。『福島第一原発廃炉図鑑』も、そういう意図から作った本なんです。

古市　僕も、一時期、未来図鑑とか社会図鑑を作ろうと思ったことがあったんですけど、難しすぎてあきらめちゃったんです。図鑑を作るということは、ある分野における知識の外延を確定させる作業じゃないですか。それは無理だなと思って。

でも、開沼さんのいうことはよくわかります。ネットでも廃炉の情報はいくらでも転がっているけど、外延がないうえに情報が玉石混淆だから、どこから全貌を把握すればいいのかわからない。そのときに、『福島第一原発廃炉図鑑』のような本があれば、すごく便利だし、納得感もありますよね。今後、また違う図鑑を作りたいと思いますか。

開沼　そういう思いはありますね。どういう対象で作るかはまったく考えていませんが、図鑑づくりが面白い作業であることは間違いないので。

古市　図鑑づくりの、どのような点に面白さを感じますか。

開沼　三・一一以後の言論状況を見ると、ファクト（事実）よりもオピニオン（意見）が、フェアネス（公平なものの見方）よりもジャスティス（正義）が先行してしまっています。その結果、言葉は暴走し混乱する。

立場ありきのオピニオンやジャスティスを圧倒するようなファクトを積み上げ、そこに可能なかぎりのフェアネスを当てていくという作業は、既存の古びた知の基盤を根本からアップデートしている感覚とともにあります。それが面白さですね。古市さんも、図鑑は作ったほうがいいですよ。

古市くん、社会学って何ですか

開沼　今度は僕から問いかけたいんですが、古市さんにとって、社会学って何ですか。

古市　あり得たかもしれない社会や自分を構想する学問、かな。

僕たちは、普段の生活に慣れきってしまうと、「この社会」や「いまここにいる自分」を絶対視してしまうじゃないですか。そういうときに、「こういう社会もあり得るんだよ」とか「自分に対して、こういう見方もできるよ」と、オルタナティブ（代替案）を示すのが、社会学の重要な役割だと思っています。

少し前までの僕は現状分析さえしていればよかったと思ったんですが、「こんな風に制度を変えれば、社会はもっとよくなるんじゃない？」という提案をしたのが、『保育園義務教育化』という本です。

ただ、散々いろんな社会学者に聞いてきたあとに言うのも何ですが、「社会学とは何か」という定義は、さほど意味がないかなという気がしてきました。

開沼　じゃあ、社会学「者」とは何ですか。

古市　何でしょうね。僕が社会学者を名乗るたびに、「お前はまだ社会学者じゃない」と何度も言われてきました。その根拠は、まだ博士号を取っていないとか、査読付き論文を何本も書いていないということらしいんです。でも、これを社会学者の基準にすると……。

開沼　いまの教授陣にも、けっこうアウトになる人がいますね（笑）。

古市　そうなんです。だから、僕のことを批判すればするほど、じつは社会学業界全体がヤバいことがわかる構造になっている（笑）。

開沼　社会学者という肩書きは、いつごろメディアに出てきたんですかね。

古市　これは加藤秀俊さんから聞いた話ですが、学生運動の影響があるらしいですね。学生運動のときに、大学を離れた研究者は、自分のことを「○○大学教授」と名乗れないので、社会学者や哲学者といった肩書きを使い始めたそうです。加藤さん自身も戦後、自主的に社会学者という肩書きを使っていた一人で、大学に所属していない人は、どんどん社会学者を名乗ればいい、と言ってました。

開沼　なるほどね。もう一つだけ質問します。古市さんにとって、社会学の何が面白いんですか。

古市　僕の原点は、子どものころに作っていたサメ図鑑なんです。当時はまだサメ図鑑というものが存在しないから、情報を集めて、それをわかりやすく編集していく作業が好きでした。僕にとっての社会学も、その延長にあるような感じです。

この「社会」という茫漠《ぼうばく》としたものを、少しでもわかりやすく編集して、見取り図を作りたい。その過程での発見は、いつもワクワクします。

開沼　それなら、ますます図鑑を作らなくちゃいけませんね（笑）。

社会学は停滞しているか？

古市　最近の社会学の存在感については、どう思いますか。

開沼　社会における存在感の有無という点では停滞期かもしれませんね。たとえば、二〇一一年って、原発のみならず、ボランティア論、地域論、メディア論とか、社会学向きのアジエンダがいくつもあったじゃないですか。でも、ここ二年ぐらいは、憲法や国際政治にアジエンダの中心が移って、メディアもそれに従っている。

古市　そうか。いまの政治変動に対応できるような言葉が、社会学の中にあまり蓄積されてないのかもしれませんね。
開沼　だから、国際政治学者の三浦瑠麗《るり》さんや、憲法学者の木村草太さんが、かつての社会学者のように登場してきたんだと思います。
古市　九〇年代はオウム事件があって、宮台さんが注目されました。二〇〇〇年代もインターネットの普及があって、情報系の社会学者が盛んにメディアに登場しました。でも、現在は社会学と相性がいいアジェンダはあまりないんですかね。
開沼　ただ、社会学者がキャッチアップしなければいけないテーマは、いくつもあると思うんですよ。たとえば、心理学や脳科学、生物学など、人間を生得的な次元で説明する研究が急速に進んでいます。そういう部分も含めて、社会現象を見ていく必要性は、社会学にも問われているように感じます。
古市　たしかにそうですね。最近では行動経済学や進化心理学が、まるで「万能」の理論のように扱われる機会が多いですが、社会学がそれにキャッチアップできているかは怪しい。社会学ではいまだに構築主義が幅を利かせていますけど、それだけで最新のサイエンスに応答できるとは思えません。
開沼　人文社会系の研究者の中にある、理系の知を瑣末《さまつ》なものと扱ってきたことへのつけは、今後、様々な弊害を生むでしょう。いまや社会現象に対しても、理系分野から、そうとう説得力のある議論が出てきているのですから、社会学もそれを無視するわけにはいかないはずです。

社会学の可能性、社会学者の出番

古市　これから社会学を学ぼうという学生や、卒業論文に困っているような学生に、何かアドバイスはありますか。「原発」とか「福島」とか、研究したいテーマは決まっているけれど、どのように社会学の論文にしたらいいかわからない人もいると思います。

開沼　二つありますね。まず、ベーシックな社会学の歴史や理論的な基礎知識を把握することが一つ。もう一つは、ケーススタディをきちんと学ぶことです。

より重要なのは後者のほうですが、自分が興味のあることをテーマにすべきです。だから、AKBの社会学でもいいし、古市さんの本でもいいし、自分が当事者感覚を持てるケーススタディを読んで、社会学的な書き方に慣れるのがいいんじゃないでしょうか。

古市　でも、何が社会学で、何が社会学じゃないかという境界は曖昧じゃないですか。

開沼　そうですよね。でも、一定程度、ベーシックな社会学的な枠組みを押さえたならば、境界を意識する必要はないんじゃないですかね。

『福島第一原発廃炉図鑑』だって、廃炉についてのエンジニアリング（工学的な知見）を詳しく説明している。一見、社会学の本には見えない。でも、そこにこそ社会学的な近代性があると思って深掘りして書いているし、しっかり読んでいただいた方には、そこは伝わっている。

だから、いかなる対象であろうとも、近代社会とは何かとか、あるいは近代における社会現象の内部にある構造や機能を解き明かすのであれば、それを社会学の価値として考えればいいんだと僕は考えています。

この廃炉図鑑のような本は、行政が出しても、原子力工学者が出しても、あるいは反原発活動家が出してもよかったのに、三・一一から五年経っても出なかった。自分の手柄を誇るつもりはありませんが、それを社会学者が作ったところに、社会学の可能性があるのかもしれません。

古市　たしかに、「図鑑」なんだから、どの分野の研究者が出版していてもおかしくなかったはずですよね。この図鑑の中では、『いちえふ』（講談社）で有名な竜田《たつた》一人《かずと》さんがマンガを寄せています。その中には、実際よりもさらに貫禄のある開沼さんが登場していますが、そこで「周辺地域の産業やコミュニティの再構築ができてこそ廃炉の完了だと思いますね」と言っています。この視点も社会学的ですよね。

開沼　おっしゃる通りで、「そもそもなぜ廃炉をするのか」「廃炉の現場で何が行われているのか」といった前提条件を見誤ると、議論は横滑りしていくだけなんです。

多くの学際的な会に出席しても、この前提条件の設定は、社会学の出番だと強く感じました。

古市　なるほど。何かを考えたいし、興味はあるんだけど、ただ何から考えたらいいかもわからないし、何が問題かもわからない。そういう人のために、議論の前提を設定し、わかりやすく伝えるのも、社会学にできることですね。

開沼　そうですね。この五年間、様々なジャンルの研究者と接してきましたが、その点が他の学問分野にはなかなかないことと言っていいでしょうね。

ただ、同じようにうまいのがお医者さん。問題点をつねに説明して、課題解決に向かっていますから。原爆や公害でもそうですが、極限状況に置かれた研究対象があるときに、そこに最後まで残り、中心になって学問的価値を提供し続けるのは医学です。

古市　医者と社会学者は近い？

開沼　現時点の社会学がそうなれているかはわからないけれど、そういう方向を模索する必要はあると思います。どこに病巣があり、それをどういうふうに見直すか。一定の条件のなかで、どうベストを尽くせるのかということは、プロとして求められている。

古市　医者は問題解決までが仕事ですけど、社会学者はどうなんですかね。

たとえば、ツイッターで盛んに発言する学者は多いけれど、実際にそれが社会変革につながってるかといえば、ほとんどの場合NOでしょう。

たとえばジェンダーの問題なら、男女の賃金格差とか女性政治家の少なさといったように、解決すべき問題はたくさんあります。しかし、ツイッター上でのジェンダーの議論と言えば、他人の失言探しばかり。もっと具体的な課題に取り組めばいいのにと思ってしまいます。

開沼　その通りです。良い悪いは別にして、概念いじってるだけで学問の仕事が終わり、なんて、許される時代ではない。大学という学問のビジネスモデルがそもそも破綻してきているわけです。古市さんとよく雑談で話すように、「論文を量産すれば就職できて、学者先生として一生、社会から尊ばれる」的な若手大学院生の幻想とか、もうシステム的に成り立たないことは明らかです。

僕自身、毎月一、二回、福島でスタディツアーを主催してガイドをしたり、福島第一原発の現状を調査した記録映像を一般公開するために、クラウド・ファンディングでお金を集めたりしています。もうバスガイドなんだか、映像制作会社なんだかという感じで、社会学者って何をやっているかなんて説明できないんです。

クラウド・ファンディングでは四〇〇万円ほど寄付を集めているんですが、おそらくこれからは、社会学の研究費だって、元は税金である科研費や、儲けている企業の余剰の予算なんかが付かなくても、クラウド・ファンディングのような形で集めることはできるし、そうやって存在価値を示していかなければならない。そういうことにチャレンジしていかないと、社会学の存在意義も危うくなる一方です。

古市　大学が斜陽産業なのは、人口に関する統計を見れば一目瞭然《りょうぜん》ですよね。

開沼　ええ。大学以外で、自ら学びの場をつくったり、アジェンダ・セッティングをしたりしなければ、これからの社会学者は立ち行かないでしょう。そうなると、必然的に課題解決のような役割も求められてくると思います。

おわりに

僕が「社会学者」になったわけ

一二人の社会学者の考える「社会学」はどうだっただろうか?

それぞれ重複する部分がありながらも、彼らとの対話は多様なものになった。この多様さを、「豊かな学問」と考えるか、それとも「あやしい学問」と考えるかは、人それぞれだと思う。少なくとも僕は、このダイアローグを通して、ますます社会学を魅力的な学問だと信じるようになった。

この本では、社会学者に「社会学とは何か」を聞くと同時に、彼らの人となりを掘り下げてきた。それは、「はじめに」でも述べたように、社会学のような知では、「学問」と「人格」の間に密接な関係があると考えるからだ（実際にそうだったでしょ?）。だから最後に、僕自身と「社会学」の関係を書いておこう。

僕と社会学のファースト・コンタクトは、大学時代に受けた小熊英二さんの授業だった。そこで社会学という学問の存在を知った僕は、宮台真司さんや上野千鶴子さん、土井隆義《どいたかよし》さんの本を読み始めた。しかしその時点では社会学者にはもちろん、研究者になろうというつもりはなかった。

転機はノルウェーからの交換留学から戻ったあと、勧められるままに大学院の入学試験を受けたことだ。

しかし僕が志望したのは「相関社会科学」というよくわからない専攻。志望動機は簡単で、受験勉強が一切必要なさそうだったから。しかも入試のために提出したのは、北欧の育児政策についての卒業論文だ。社会学というよりも、分野でいえばジェンダー研究、エリアスタディーズに近い。

大学院に入ってからは、上野千鶴子さんや本田由紀さん、瀬地山角《せちやまかく》さんなど「社会学者」の授業を履修していたが、それも受講動機は、彼らが「知っている人」だったから。「社会学徒」というよりも、これではただの「社会学ファン」だ。

修士論文では、たまたま乗船したピースボートでのフィールドワークを共同体論としてまとめた。問題意識は鈴木謙介さん、理論枠組みは竹内洋《たけうちよう》さんに強く影響を受けているという点で、社会学の論文とは言えそうだが、そのころの僕は、哲学者のアクセル・ホネットを熱心に読んでいた（結局、論文にはほとんど活かせなかったんだけど）。

修士論文を新書化した『希望難民ご一行様』の出版後は、いくつかの取材を受けたが、多くの人は「共同体」ではなく、「若者」について興味を持っていることを知った。そこで「若者」について一冊にまとめようと思って書いたのが『絶望の国の幸福な若者たち』だ。

この本をきっかけに、僕は「若者」に詳しい人だと大人たちから勘違いされ、「若者」として、メディアや政府の会議などに呼ばれることになった。さすがに「若者」を肩書きにするわけにもいかないので、いつのころか肩書きが「社会学者」になっていった。初めは抵抗があったものの、代替案も思いつかないので今日まで使い続けている（何かあります？）。

「社会学者」の発生

「社会学者」という肩書きに対して、批判を受けることも多かった。僕が「社会学者」を名乗ることで、「社会学」の信頼失墜《しっつい》につながると言われたこともあった（それだけ「社会学」

という学問が脆弱なものだと認めているようなものだけど……)。

そんなとき、ある社会学者と出会った。加藤秀俊さんだ。一九三〇年生まれの加藤さんは、戦後日本で初めて意識的に「社会学者」を名乗った一人だ。

加藤さんも、もともとは「京都大学助教授」のように、大学名と役職を肩書きにしていたが、大学紛争の最中、京都大学を辞職してしまう。肩書きに大学名が使えなくなり、そこで「社会学者」を名乗ったのだという。同じ時期に大学を辞職した梅原猛《うめはらたけし》さんは「哲学者」を名乗るようになった。

このように「社会学者」や「哲学者」という肩書きには、大学に所属しない人が意識的に使い始めたという歴史があるのだ。だから加藤さんからは、大学で教職を持たない僕のような人間が「社会学者」を名乗ることに、何ら違和感はないと言われた。

もっとも加藤さん自身は、「社会学者」という肩書きにこだわりはないようだ。加藤さんによれば「社会学」や「歴史学」といった「専門」は、大学制度が作り上げた便宜的な虚構に過ぎず、ごく最近の発明であるという。

加藤さんの考える「学者」の使命とは、自らが面白いと思ったことがらを自由にさばいていくことだ。特定の「学」に義理立てする必要もないし、ある「専門」の中に閉じこもって

「専門家」を自称することは、「知識人として卑劣《ひれつ》かつ怠惰きわまること」と手厳しく批判する（『メディアの発生』中央公論新社）。

社会学に未来はあるか？

僕はまだ、加藤さんのような大見得《おおみえ》を切る勇気はないが、その研究スタイルには共感を覚える。また、この本で話を聞いてきた社会学者たちも、仮に「社会学者」という肩書きがなかったとしても、魅力的な研究をしている人たちばかりだった。

しかし加藤さんを含めた社会学者たちの研究が、社会学を含めた知のアーカイブの上に成立していることは間違いない。その意味で、社会学的な「ものの見方」を知ることは決して無駄ではない。そしてこの本は、一二人の社会学者の「ものの見方」を学ぶものであった。

僕自身は、何らかの実存的な動機があって社会学を始めたわけではない。ただ社会学の教えてくれる「ものの見方」が、自分にしっくりきたから、結果的に社会学として分類される知に多く触れてきただけだ。僕が愛着を持つのは対象であって、手法それ自体ではない。

だから、「社会学」に強いこだわりがあるわけではないが、社会学という学問や、社会学者たちに恩義は感じている。

同時に、現在の社会学に物足りなさを感じているのも事実だ。行動経済学や進化心理学の議論には強い説得力があるし、『保育園義務教育化』という本を書いたときには、教育経済学や歴史学から多くを教えられた。一方で最近、はっとするような社会学の研究に出会えていない。まったく言えた立場ではないが、「社会学って大丈夫なのかな」と思ってしまっていた。

同じような問題意識が、仁平典宏さんが雑誌『POSSE』（堀之内出版）で連載していた「社会学居酒屋談義」で展開されていた。これまで社会学が扱っていた領域に、経済学や脳科学、社会物理学が進出してくるなかで、社会学の存在意義が失われつつあるのではないかというのだ。

この時代、わざわざ社会学者に参照しなくても、雑学的な知は簡単に得られてしまう。もはやシャーマンとしての社会学者は必要とされず、検索と編集の技術さえあれば十分ではないかというのだ。たしかに「もっともらしさ」で言えば、いまや社会学者よりも、「人工知能」や「ビッグデータ」のほうが遥かに上だろう。

それでも社会学は必要だ

社会学はもう必要ないのだろうか？　そもそも社会学は必要とされてきたのだろうか？

佐藤俊樹さんは、一九九〇年代後半以降を「社会学の時代」と呼び、売れる著作と社会学内部の研究の乖離が進んだとするが、そもそも「社会学」の本はほとんど売れていない（ぶっちゃけ、この本もあんまり売れないと思うんだよね）。

「売れた社会学」と言われる本も、多くは部数で言えばせいぜい数万部程度だろう。一〇万部を超えた本は、新書を中心に数えられる程度だ。八〇万部以上を売り上げた『おひとりさまの老後』などは、例外中の例外に過ぎない。

また朝日新聞社の記事データベース「聞蔵Ⅱ」で検索したところ、確かにこの三〇年で「社会学」という言葉の使用頻度は高まっているが「経済学」には遠く及ばない（左頁の図）。同様に、「社会学者」よりも「経済学者」のほうが一貫して、登場頻度が高かった。

政治的影響力という面でも、社会学は経済学には完敗している。経済学は竹中平蔵さんのような大臣を生み出しているが、社会学者の閣僚はまだ誕生していない。

やっぱり社会学って必要ないのかなと弱気になってしまう。

いや、そんなことはない。その存在意義は未だ失われていないと思う。その理由は、この本で社会学者たちが語っていた通りだ。たとえば、鈴木謙介さんの言っていた「解釈学的な

図　「社会学」という語の登場頻度

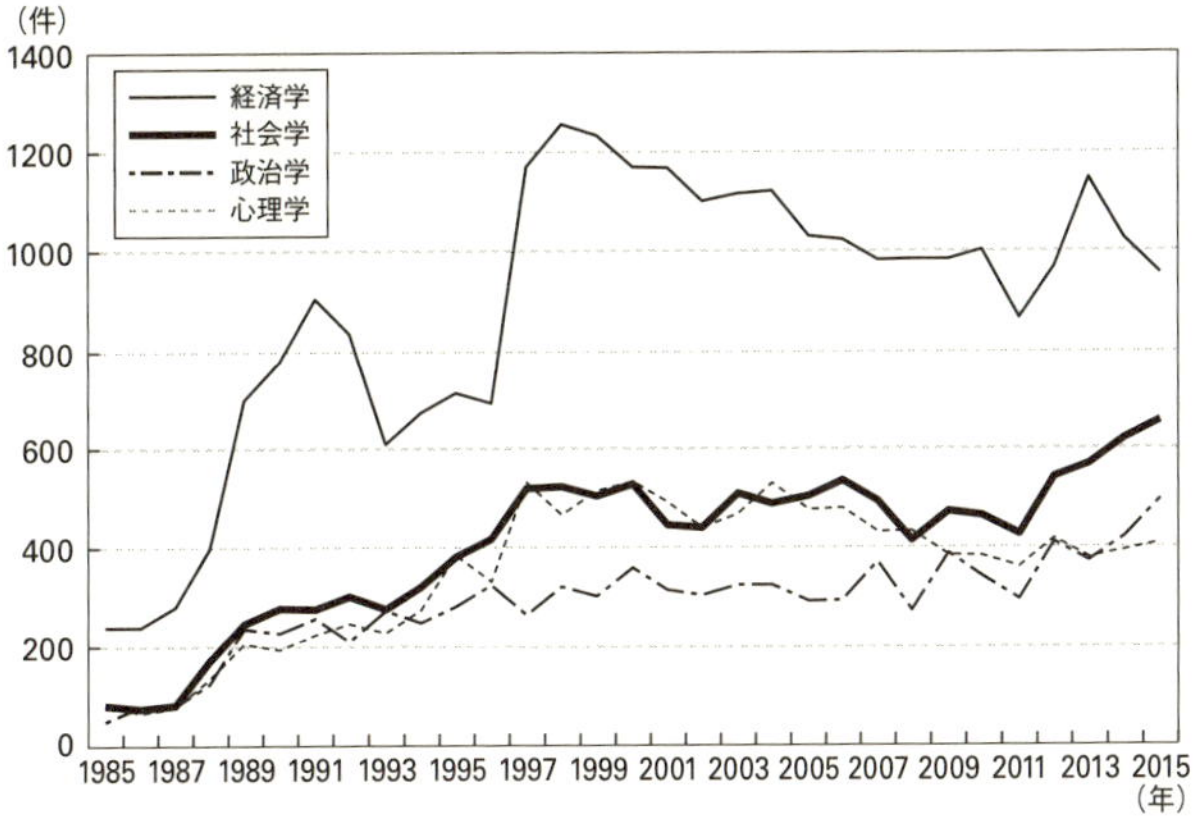

（出所）「経済学」「政治学」「心理学」との比較。朝日新聞社の記事データベース「聞蔵Ⅱ」での全文検索結果より

踏み込み」はわかりやすい例だろう。

本書は結果的に、「社会学に何ができるのか」を示す本になったと思う。

特に僕自身は、社会学の持つ「あり得たかもしれない社会や自分を構想する力」に魅力を感じている。橋爪大三郎さんの言葉を借りれば、「社会がとりあえずこのようでしかないことを、もっとも納得しないのが社会学者。社会が別なようでもありうることを、もっとも信じやすいのが社会学者」ということになる（『橋爪大三郎の社会学講義』）。

オルタナティブのない社会を生きるのは辛い。違う社会の可能性を構想する学問は、これからの時代、ますます必要となっていくと思う。

社会学の可能性

二〇一六年は、ディズニー映画『ズートピア』が世界的に大ヒットした。

俳優の風間俊介さんは、この映画が新しいのは「社会」という視点の導入だという(『TV Bros.』二〇一六年一八号)。

ディズニーが差別を描いたことを理由に『ズートピア』を称賛する人がいるが、ディズニーは昔から差別や偏見を描いてきた。

風間さんによれば、『ズートピア』の特徴は、個人に起こった問題を個人が解決するのではなく、社会として困難を乗り越えていく点にあるという。その意味で『ズートピア』は、ディズニーが「社会」を発見した映画と言えるだろう。

この映画は、理想世界を描くファンタジーとして世界中で受容された。ということは、まだきっと「社会」は必要とされているのだろう。むしろ「社会」を求める人は増えているのかもしれない。それは同時に「社会学」も役割を失っていないことを意味する。

僕は様々な「社会学」があっていいと信じている。ある人気クリエイターが「〝にわか〟

を許さない業界は滅びる」と言っていた。同感だ。

たとえば、マンガ業界には読み手はもちろん、膨大な量の描き手が存在する。彼らの一部は商業誌でデビューして、人気作家となっていく。定期的にスターが輩出されるのは、そもそものマンガ家志望者が多いからだ。彼らを支えるのはピクシブなどのコミュニティ、雑誌の新人賞といった制度である。

デビュー前の志望者を大量に抱える業界は、人材の再生産もされやすい。スターの活躍を見て、次世代の優秀な人材が集まってくるからだ。

一方で、人気のない業界は、やたらルールや慣習ばかりが重視され、自由度が失われていく傾向にある。そんなつまらない場所に優秀な人は見向きもしないから、業界全体の凋落《ちょうらく》が進んでいく。論壇や文壇がそれに当たるのだろうか？

できれば、社会学にはそうなってほしくない。

だから、この本が一人でも多くの人に届き、社会学の魅力に気付く人が増えますように。

本書は月刊誌『小説宝石』（光文社）誌上にて平成27年4月号より11回にわたり連載したものに、新たな対談（第Ⅻ章）と加筆を加え、新書化したものです。

古市憲寿（ふるいちのりとし）

1985年東京都生まれ。東京大学大学院総合文化研究科博士課程在籍。慶應義塾大学SFC研究所上席所員。専攻は社会学。日本学術振興会「育志賞」受賞。著書に『希望難民ご一行様』『上野先生、勝手に死なれちゃ困ります』（以上、光文社新書）、『絶望の国の幸福な若者たち』『誰も戦争を教えられない』（以上、講談社＋α文庫）、『だから日本はズレている』（新潮新書）、『保育園義務教育化』（小学館）など多数。

古市《ふるいち》くん、社会学《しゃかいがく》を学《まな》び直《なお》しなさい!!

2016年10月20日初版1刷発行

著　者 ── 古市憲寿
発行者 ── 駒井　稔
装　幀 ── アラン・チャン
印刷所 ── 萩原印刷
製本所 ── 榎本製本
発行所 ── 株式会社光文社
東京都文京区音羽1-16-6（〒112-8011）
http://www.kobunsha.com/
電　話 ── 編集部03(5395)8289 書籍販売部03(5395)8116
業務部03(5395)8125
メール ── sinsyo@kobunsha.com

 ISBN 978-4-334-03947-9

834
武器としての人口減社会
国際比較統計でわかる日本の強さ
村上由美子

労働生産性、女性活躍推進、起業家精神など、さまざまな分野において先進国中、最低レベルの日本。本書ではその弱みを強みに変え、課題先進国として強い国になる策を考える。

978-4-334-03937-0

835
〈オールカラー版〉魚はエロい
瓜生知史

求愛、交尾、産卵……。海に住む生き物たちの驚きの生態は、種をこえた「生きるとは何か?」という素朴な問いを投げかける。一〇〇点以上の写真で迫る、誰も知らなかった海の愛とエロス。

978-4-334-03938-7

836
ヤクザ式　最後に勝つ「危機回避術」
向谷匡史

常に戦場に身を置くヤクザは、一流ほどリスクを鋭く察知し、最悪の事態に陥らない。長年、ヤクザ界を見てきた著者が教える、ピンチを無傷で切り抜けつつ得を取る最強の処世術。

978-4-334-03939-4

837
「ほぼほぼ」「いまいま」?!
クイズ　おかしな日本語
野口恵子

日本語の誤用を目や耳にしない日はない。町を歩けば誤用に当たり、店に入れば誤用が出迎える……。現代標準日本語の口語をできるだけ正確に理解し、よりよく使うための一冊。

978-4-334-03940-0

838
テニスプロはつらいよ
世界を飛び、超格差社会を闘う
井山夏生

プロ7年目、最高ランクは259位——プロテニスプレイヤー関口周一の闘いを軸に、その苛酷さ、競争の仕組みを、テニスジャーナル元編集長が丹念な取材で描く。テニス親必読!

978-4-334-03941-7

839

武家の躾《しつけ》 子どもの礼儀作法

小笠原敬承斎

「程を知る」「一歩先を読む」「家の中でも礼を欠かさない」。武士の子どもは礼儀と慎みを躾けられてきた。室町時代に確立された小笠原流の伝書に学ぶ「子育ての秘訣」「親の心得」とは。

978-4-334-03942-4

840

村上春樹はノーベル賞をとれるのか？

川村湊

世間をにぎわす、村上春樹とノーベル賞。村上文学は世界文学たり得るのか？ 受賞に到るまでの基準は？ その功罪は？ 村上春樹と同世代の著者が読み解く、世界文学の見果てぬ夢。

978-4-334-03943-1

841

ISの人質
13カ月の拘束、そして生還

プク・ダムスゴー
山田美明 訳

拘束に至る過程、拷問、他の人質たちとの共同生活、日常的な暴力、身代金交渉、家族による募金活動、そして間一髪の生還——。衝撃のノンフィクション。佐藤優氏推薦・解説。

978-4-334-03944-8

842

給食費未納
子どもの貧困と食生活格差

鳫咲子

給食費を払わない保護者が問題視されている。だが、「払わないなら食べるな」で、片付けていい問題だろうか。「子どもの貧困」を食という側面から考え、福祉の新しい視座を提言する。

978-4-334-03945-5

843

反オカルト論

高橋昌一郎

占いや六曜といった迷信から霊感商法、江戸しぐさ、STAP事件など多様な姿でオカルトは生き続ける。その「罠」に陥らないための科学的思考法を分かりやすい対話形式で学ぶ。

978-4-334-03946-2

844
古市くん、社会学を学び直しなさい!!
古市憲寿

「社会学って、何ですか？」――気鋭の若手社会学者・古市憲寿のあらためての問いに、日本を代表する12人の社会学者たちが、現代社会と対峙しながら、熱く答える。社会学の新たな入門書。

978-4-334-03947-9

845
大人のコミュニケーション術
渡る世間は罠だらけ
辛酸なめ子

自称「コミュ力偏差値42」の辛酸さんが、コミュ力のUPを目指して四苦八苦。うわさ、下ネタ、マウンティング……への対処法とは？　ちょっぴり切ない処世をめぐるエッセイ集。

978-4-334-03948-6

846
毎日同じ服を着るのがおしゃれな時代
今を読み解くキーワード集
三浦展

かっこよかったものがかっこわるくなる。新しいものが古くさくなる――「消費」「世代」「少子高齢化」「家族」「都市」の最先端の動きをわかりやすく解説。ビジネスにも役立つ一冊！

978-4-334-03949-3

847
ケトン食ががんを消す
古川健司

世界初の臨床研究で実証！　末期がん患者さんの病勢コントロール率83％。糖質の摂取を可能な限り0に近づける「がん免疫栄養ケトン食」の内容と驚異の研究結果を初公開！

978-4-334-03950-9

848
どうなる世界経済
入門　国際経済学
伊藤元重

テレビでもおなじみ、東大名誉教授のセミナー形式の入門書第二弾。EU諸国、中国、アメリカなど世界の最新潮流がざっくりわかる。国際経済学で、日本経済の未来をつかめ！

978-4-334-03951-6